KB191306

玉樞寶經
(옥추보경)

許侍聖 編譯

明文堂

神霄九宸眞王眞形圖
신 소 구 기 진 왕 진 형 도

圖形眞王眞宸九霄神

神霄九宸眞王眞形圖
신 소 구 기 진 왕 진 형 도

圖形眞王眞宸九霄神

3

神霄祖炁玉清眞王寶相
신소조기옥청진왕보상

相寶王眞清玉炁祖霄神

神霄眞王玉文寶璽
신소진왕옥문보새

璽寶文玉王眞霄神

九天應元雷聲普化天尊寶相
구천응원뇌성보화천존보상

相寶尊天化普聲雷元應天九

衍圖讚
연 도 찬

讚圖衍

至大至廣 物與無妄
無內無外 自性不息

總括一九性咊 神武行令
現化一性咊神 慈悲發願

7

雷聲普化天尊
뇌성보화천존

雷聲普化天尊

玉樞靈符
옥추령부

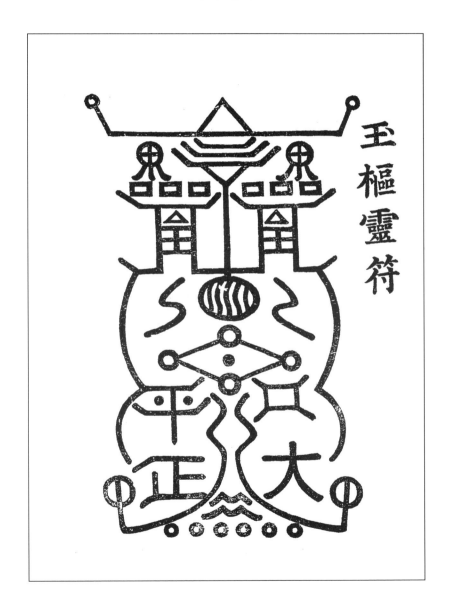

玉樞靈符

머
리
말

한때에 예수교의 목사 한 사람이 와서 뵈옵거늘 선생 물으사,

"귀하가 이곳에 굽힘이 무슨 뜻이뇨?"

목사 "좋은 법훈(法訓)을 얻어 들을까 하나이다."

선생 "그러면 귀하가 능히 예수교의 국한을 벗어나서 광활한 천지를 구경하였는가?"

목사 "광활한 천지가 어느 곳이니이까?"

선생 "한번 마음을 옮겨서 넓게 살피는데 있나니라."

하고 계속하여 말씀하시기를,

"넓게 살필 줄 모르는 중생이라 하는 것은 항상 저의 하는 일을 고집하여 저의 의견을 세우고자 하며, 저의 집 풍속에 성습(成習)이 되어 다른 일을 비방하며 다른 의견을 쓰지 아니하며, 다른 집 풍속을 배척하여 각각 그 규모와 고습(古習)을 벗어나지 못하고 드디어 한 편에 타락하여 그 간격이 은산철벽(銀山鐵壁)과 같이 되어 있으니 국가와 국가사이나 교회나 교회사이나 개인과 개인 사이에 서로 반목 투쟁하는 것이 모두 이에 원인함이로다.

슬프다.

어찌 원만한 살림을 천만으로 분열하여 정저와(井底蛙)의 생활

을 계속하며, 무량한 대법(大法)을 편편으로 파쇄(破碎)하여 미미한 진분(塵粉)으로 만드느냐.

우리는 하루속히 이 간격성을 파괴하여 모든 살림을 합하고 자유 활발한 생활을 하여야겠다. 그러면 이 세상에 한 가지도 버릴 것이 없으니, 좋은 것은 좋은 데로 사용하고, 부족한 것은 부족한 데로 사용하며, 경우에 따라 처지에 마땅하게 쓰면 우주 안의 모든 것이 다 나의 이용물이며 인생 세간의 여러 법은 다 나의 옹호 기관이라.

이 뜻을 깨달은 자는 비로소 세상의 모든 존재가 다 나를 위하여 있는 것임을 느낄 것이다. 비하여 말하자면, 시장에 천종만물을 진열해 놓은 그중에는 물론 호추(好醜), 정조(精粗)가 각양각색으로 있을 것이다.

그러면 우리 인생이 그 정호(精好)한 것만으로 위해 쓰고 추조(醜粗)한 것은 다 버리느냐 하면 그렇지 아니하다. 아무리 정호한 것이라도 쓰지 못할 것이 있고, 비록 추조한 것일망정 마땅히 쓰일 것이 있다.

금옥(金玉)이 비록 중보라 하지만 굶주림을 위로함에는 한 그릇의 밥을 대용하지 못할 것이며, 양잿물이 아무리 독한 것이지만 세탁하는 데에는 무엇보다 필요함이 될 것이다.

그러나 만약 양잿물을 쓸 곳에 금옥을 쓰면 금옥이 그만한 능을 얻지 못할 것은 정리(定理)요, 또한 밥 먹을 때에 양잿물을 먹으면 반드시 사람의 생명을 잃는 것은 사실이다.

이와 같이 물질의 성질과 용처가 다르거늘 그것을 이해치 못하고 부당처(不當處) 단점만 들어서 하나도 쓰지 못할 것이라고 망단(妄斷)하며, 또는 저의 버리고 저의 구하는 바 외에는 만시(滿市)에 진열한 모든 물품이 다 무용(無用)이라고 생각한다면 그 얼마나 우치한 자라고 할까."

위의 글은 원불교(圓佛敎)를 창시하신 소태산 대종사(少太山 大宗師)의 말씀인데 원불교 출가인(出家人)인 박용덕(朴龍德) 교무님의 「금강산의 주인되라」에서 발췌했습니다.

사이비 종교가 아닌 이상에 수천 년 인류가 받들어온 종교는 모두 성인들의 지극한 말씀임에도 불구하고 인류의 역사는 오히려 종교로 인해 반목과 갈등과 전쟁으로 점철되어 있으며, 현재에도 세계 각국에서 종교로 인한 분쟁이 계속되고 있습니다. 이것은 실로 각 종교를 세운 성인들의 뜻한 바가 아니고 원하는 바가 아닐 것입니다.

결국 유일신(唯一神)의 사상과 그분의 메시아(Messiah)를 통하지 않고는 그분의 나라에 갈 수 없다는 대단히 편협하고 고착적인 생각으로 야기된 문제일 것입니다.

필자는 도(道)를 깨달은 도인이 아니고 범부에 지나지 않은 사람이므로 확실히 그렇다라고 말할 자신은 없지만 '궁극적인 존재' 혹은 '궁극에 다다른 존재'는 결코 한 분만이 아니라는 것입니다.

불교에는 석가모니 부처님, 미륵 부처님, 아미타여래, 약사유리광여래, 관세음보살, 지장보살, 문수보살, 보현보살 등이 계시고, 도교에는 원시천존, 영보천존, 도덕천존, 태을구고천존, 옥황상제, 대성북두칠원성군, 구천응원뇌성보화천존 등이 계시며, 유교에서는 궁극적인 존재를 인격화 하지 않고 법격화(法格化)해서 천(天), 태극(太極), 중(中)으로 이름하고 있으며, 우리나라 대종교에는 환인(桓因), 환웅(桓雄), 단군(檀君)이 계시고, 천도교에는 한얼님이 계시며, 천주교에는 천주님이 계시고, 힌두교에는 브라만(Brahman), 비쉬누(Vishinu), 시바(Siva), 크리슈나(Krishuna) 등이 계십니다.

이 분들을 궁극적인 하나의 존재로 합하여 법신불(法身佛)이라 하고, 법신불의 화현(化現)이 곧 모든 신불(神佛)로의 나툼이라고 할 수도 있습니다.

다시 말해 우주가 일어나기 전의 궁극의 법신불께서 여러 나라의 중생들을 제도하시기 위해 이 나라에는 이 모습으로, 저 나라에는 저 모습으로 혹은 신의 이름으로, 혹은 부처님의 이름으로 나투신다고 하는 것입니다.

마치 한 빛덩어리에서 수많은 빛줄기가 쏟아져 나오는 것에 비유할 수 있습니다.

그렇다고 할 수 있지만 필자의 어두운 소견으로 이 분들이 각기 다른 분들이라고 여겨집니다.

그러나 다르다고 하더라도 그 다름은 불일부이(不一不異), 곧 하나의 존재도 아니지만 다른 존재도 아닌 다름이라는 것입니다.

각기 다른 궁극적인 존재로서의 빛덩어리지만 그 빛덩어리들은 서로 간에 하등 걸림이 없고 다름이 없는, 화엄경의 사사무애법계(事事無碍法界)적인 융화를 이루고 있다는 것입니다.

단지 중생의 갈망에 응하여, 혹은 이 지구상에 어떤 인연(因緣)에 따라 중생들을 구제하기 위해 어느 분이라도 그때그때 나투시는 것으로 생각됩니다.

그러나 이와 같은 문제는 확철대오(廓徹大悟)해야 분명하게 아는 것이고 우리 같은 범부는 도저히 알 수 없으며, 다만 이치로 이렇게도 생각해보고, 저렇게도 한 번 생각할 따름이지 이것이 도(道)를 닦는데 본질적인 문제는 아닌 것입니다. 그러므로 어느쪽 견해가 됐든 본질적인 문제가 아님에도 불구하고 여기에 집착하여 교묘한 사량분별(思量分別)을 일삼아 자기의 주장을 펴고 그것에 고집하기 시작하면 이것이 사도(邪道)로 빠지는 첫걸음입니다.

한 신(神)을 모시는 것이 다른 신에 반대되는 바가 아니요, 오히려 한 신을 모시는 것이 다른 수많은 궁극적인 신을 모시는 것이며, 한 부처님을 모시는 것이 신을 모심이요, 신을 모심이 부처님을 모시는 것입니다.

그런데 어떤 한 분을 모시며 다른 신을 부정하고 부처님을 부정한다면 그것은 결국 스스로 모시는 신을 부정하게 되는 것입니다.

위의 소태산 대종사께서 이것을 말씀하신 것이며 불법(佛法)의 이치를 알고 보면 사람 사람의 마음자리(心地), 마음이 일어나기 전의 자리(性)가 곧 신이요, 부처이므로 스스로 무엇에 반대하면, 그것이 더더욱 궁극의 존재인 다른 신을 부정한다는 것은 스스로 광대한 마음자리를 편편으로 파쇄(破碎)하는 것이요, 미미한 진분(塵粉)으로 만드는 것입니다.

또한 믿음(信)으로 도(道)에 들어가는 것이 첫 문이지만 스스로 수행을 하여 마음을 순수하고 청정케하지 않으면 믿음만으로 원하는 세계에 오르지 못하는 것입니다.

이제 상극(相克)의 선천시대(先天時代)가 지나고 상생(相生)의 후천시대(後天時代)가 오고 있으니 불(佛), 도(道), 유(儒)와 서교(西敎)에서 어리고 낮은 가르침은 배제되고 수승한 가르침만 남게 되며 생활하면서 공부하는 법(法), 공부하면서 생활하는 법(法)이 세상에 널리 유행(流行)하게 될 것입니다.

사람의 본래 성품(性品)은, 심지어 미물곤충과 생명이 없는 무정물(無情物)까지도 그 본래의 성품은 부처님과 천지신명(天地神明)의 근본 성품과 터럭만큼의 차이도 없습니다.

그러므로 우리의 성품, 우리의 마음자리(心地)는 천지가 생기기 전에 이미 존재하였고, 지금도 오히려 천지를 감싸 두르고 있는 광명(光明)입니다

불교의 능엄경(楞嚴經)에 '일인(一人)이 발진귀원(發眞歸源)하면

시방허공(十方虛空)이 실개쇄운(悉皆鎖殞)이라' 는 말씀이 있는데 한 사람이라도 진리를 깨달아 근원으로 돌아가면 시방의 허공이 다 녹아 떨어진다는 말입니다.

우리는 육안(肉眼)으로 보므로 허공이 허공으로 보이지마는 도를 통한 성인들은 허공이 안보이고 마음 광명으로 꽉차있는 것으로 봅니다. 이러한 광명 속에서 우주는 다 녹아 없어지는 것입니다.

그러니까 공간과 시간은 실제로 존재하는 것이 아니고 생명(生命)이 인식(認識)의 형식을 밟을 때 일으킨 그릇된 견해이며 우리의 본래 마음 바탕이 천지보다 먼저 있었고 지금도 천지를 두루 감싸고 있는 것입니다.

도교의 도덕경(道德經)에 '도생일(道生一)하고, 일생이(一生二)하고, 이생삼(二生三)하고, 삼생만물(三生萬物)이라.' 는 구절이 있습니다. 도(道)는 유(有)와 무(無)를 초월한 진공(眞空)의 무극(無極)이고, 일(一)은 선천일기(先天一氣)를 갖춘 태극(太極)이며, 이(二)는 음(陰)과 양(陽) 즉 천지(天地)이고, 삼(三)은 소음(少陰), 소양(少陽), 태음(太陰), 태양(太陽)인 사상(四象)을 말합니다.

무극인 도가 태극이 되고, 태극의 한 기운이 천지를 낳고, 천지의 음양이기(陰陽二氣)가 사상(四象)을 낳고, 사상이 천하만물(天下萬物)을 낳았다는 것입니다.

그런데 이 무극인 도가 본래 우리의 성품인 것입니다. 그러므로 마음을 닦아 모든 욕심과 번뇌망상이 다 가라앉으면 즉 마음이 텅 비어져서 진공(眞空)이 되면, 무극 혹은 태극이 되면 오히려 우리 마음 안에 천지(天地)가 들어있게 되는 것입니다.

유교의 중용(中庸)에

'희로애락지미발(喜怒哀樂之未發)은 위지중(謂之中)이요,

발이개중절(發而皆中節)은 위지화(謂之和)라.

중야자(中也者)는 천하지대본(天下之大本)이요,

화야자(和也者)는 천하지달도(天下之達道)라.'

는 말씀이 있습니다.

희로애락의 감정이 생기기 전을 중(中)이라 하고,

희로애락이 생겼지만 절도에 맞는 것을 화(和)라 하며,

중(中)은 천하의 근본이요, 화(和)는 천하의 통달한 도라.

유교에서는 진리를, 도를 중(中)이라 했습니다.

유교에서도 마찬가지로 마음을 닦아 희로애락이 일어난 자리, 근본 마음자리에 계합하면 그것이 곧 천하의 근본이라 했습니다.

예수께서도 어린아이와 같이 되지 않으면 천국에 들어갈 수 없다는 말씀을 했는데 어린아이에 비유한 것은 선과 악, 시(是)와 비(非)의 분별이 끊어진 천진(天眞)을 뜻하는 것이므로 믿고 또 믿어도 스스로 수행하여 마음을 정화하지 않으면 안된다는 것입니다.

이와 같이 모든 성인의 말씀은 한 가지이며 탄허(呑虛)스님 얘기대로 천하(天下)에는 무이도(無二道)며, 천하에 두 가지 도가 없으며 성인(聖人)은 무양심(無兩心)이라, 성인께는 두 마음이 없는 것입니다.

그러나 우리가 이러한 이치를 알았다고 하더라도 이 마음 이대로 부처님과 천존님(한얼님)의 마음일 수 없고 다생(多生)으로 지은 죄와 업력(業力)으로 인하여 한 길로 길을 내어 수행하는 것이 그리 쉬운 일은 아닐 것입니다.

수없는 생(生)을 되풀이 하면서 익힌 습기(習氣)로 스스로의 마음을 스스로가 이기지 못하고 주위 환경의 속된 기운에 물들어 한마음 한뜻으로 수행에 전일(專一)하는 것이 그리 쉬운 일이 아님은 분명할 것입니다.

그러므로 시방삼세(十方三世)의 부처님과 천존님(한얼님)께서 중생들이 스스로의 힘만으로 높이 오르지 못하는 것을 염려하여 늘 중생들을 호렴(護念)하시며 진실로 수행하고자 하는 이는 그분들의 위신력(威神力)으로 끌어 올려주기를 서원(誓願)하시는 것입니다.

아미타경, 법화경 중의 관세음보살보문품(관음경), 지장경, 약사경, 천지팔양신주경, 대성북두연명경, 삼일신고, 동경대전, 베다(Veda), 바가바드기타(Bhagavad-gita), 우파니샤드(Upanisad) …… 등에 한얼님과 부처님께서 이러한 말씀을 분명히 하셨으며 구천응원뇌성보화천존께서 직접 설하신 이 옥추보경도 그러한데 보경(寶經)에는 천존님께서 신선(神仙)의 반열에 오르는 구체적인 경문(經文)과 부(符)까지도 내려주신 것이 큰 특징입니다.

그것이 지경(地經) 중의 학도희선장(學道希仙章)과 소구령장(김九靈章)이며, 또한 사람이 인생을 살아가자면 여러 어려움을 만나게 되는데 이런 어려움에서 벗어나는 길을 나머지 지경 13장(章)에서 밝혀주고 계십니다.

수행력(修行力)이 어느 정도 깊은 사람이라도 현실의 어려운 난관에 봉착하면 마음이 갈팡질팡하여 공부심을 그대로 유지하기 어려운 것이 사실이므로 옥추보경으로 그러한 어려움을 풀고 다시 수행에 매진할 수 있게 되는 것입니다.

공부와 일(事)이 둘이 아니므로 다시 말해 수행과 삶이 둘이 아니므로 옥추(玉樞)로 삶의 어려움을 푸는 과정이 큰 수행이며 큰 공부입니다.

그러나 스스로의 허물은 반성하지 않고 곤란한 일에서 얼른 벗어나고자 하는 마음으로, 혹은 허황한 마음으로 보경을 독경하고 기원(祈願)한다면 신명(神明)이 감응하지 않고, 신명이 감응하지 않으면 일이 해결되기 어렵습니다.

진실한 마음으로 무수한 과거 생의 지은 죄를 참회하고 정당한 일을 기원하더라도 지은 업(業)에 따라, 일의 경중(輕重)에 따라, 드리는 정성에 따라 속히 이루어질 수도 있고, 후에 이루어질 수도 있고, 경우에 따라서는 일이 이루어지지 않을 수도 있는데 정당하지 못한 일을 정당하지 못한 마음으로 하는 일이 성취될 수 없는 것은 자명한 일일 것입니다.

북두구신(北斗九辰)에 응감(應感)하여 우리 몸에 구령(九靈)이 있고, 삼태성(三台星)에 응감하여 우리 몸에 삼정(三精)이 있으므로 구령삼정(九靈三精)을 통하고 학도희선(學道希仙)하기를 천존님께 서원(誓願)하여 바른 정신으로 보경을 독경해야 할 것입니다.

또한 북두구신으로 구령이 있고 삼태성으로 삼정이 있다는 것이 진정 신비로운 일이라, 의정(疑情)이 안 생길래야 안 생길 수 없으므로 구령삼정을 의단(疑團)삼아 하단전(下丹田)에 붙여 두는 것도 수행의 한 방편이라 하겠습니다.

이러한 정신으로 옥추보경을 독송하고 수심정경(修心正經)의 법문을 확고부동하게 마음에 새겨 불퇴전의 실행을 계속한다면 어느 땐가 신선도 되고, 부처도 되지 않을 런지요.

쉬운 일은 아니지만 사람이 무슨 일을 할 때 하고자 하는 뜻을 굳게 세우고 꾸준한 정성을 드리면 안 되는 일이 없는 것이 천지간의 이치일 것입니다.

중언부언, 이 말 저 말 어지럽게 함을 부디 양해하시고 모쪼록 천존님의 덕화(德化)에 힘입어 마음길이 끊어지고(心行滅處), 말길이 끊어진(言語道斷) 만고(萬古)의 대광명(大光明)의 자리를 찾으시길 발원합니다.

끝으로 어려운 시기임에도 불구하고 책을 출간해주신 명문당의 김동구 사장님께 깊은 감사를 드립니다.

2016. 12. 25
許侍聖 합장

옥추보경 범례(玉樞寶經 凡例)

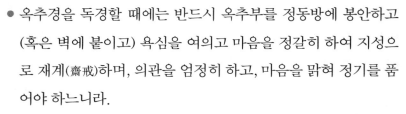

● 옥추경을 독경할 때에는 반드시 옥추부를 정동방에 봉안하고 (혹은 벽에 붙이고) 욕심을 여의고 마음을 정갈히 하여 지성으로 재계(齋戒)하며, 의관을 엄정히 하고, 마음을 맑혀 정기를 품어야 하느니라.

크게는 도단(道壇)을 세우거나 작게는 집안을 깨끗이 청소하여 꽃과 청수를 올리고 향을 피워 예(禮)를 갖추며, 이를 일곱 번 마주친 후 정심신주(淨心神呪)로 시작하여 설보경장(說寶經章)으로 끝내느니라.

천존보상(天尊寶相)을 그리며 소리를 골라 독경하되 천경(天經)을 한 번 독경한 후 바라는 바 소원에 따라 지경(地經) 15장 중에 1장만 수십 번 독경하고 해당한 장(章)의 부전을 축원하며 태우니라.

또한 보게장(寶偈章)과 보응장 상하(報應章 上下)를 독경하고 신장퇴문(神將退文)을 한 번 독경하며 주문을 3·7편을 외운 후 단(壇) 앞에서 천존보상을 마음속에 그리면 자연 감응 있으리라.

- 지경(地經) 15장 중 소원을 따라 1장만 독경하고 전부는 외우지 않느니라.
- 지경(地經) 15장 중 1장만 독경할 때에 위와 같이 먼저 천경(天經)을 경건히 외워야 하느니라.
- 신장퇴문은 단이 설치되어 있으면 언제든지 외워야 하느니라.
- 옥추령부를 봉안하지 않았으면 경을 읽지 말며 이를 자만심으로 가볍게 여기면 천신(天神)의 꾸짖음이 있으리라.
- 향(香)은 강진향, 침향, 백단향을 쓰느니라.
- 인경(人經)은 예참(禮懺)이니 도(道)에 뜻을 둔 이가 천존성상을 봉안하거나 혹은 옥추령부를 봉안하고, 단을 세우고 조석으로 단 앞에서 독경하는 것이며 혹은 제수(祭需)로 치성할 때에 독경하느니라.
- 예참할 때에는 천경의 처음에 있는 개경찬(開經讚)과 계청송(啓請頌)을 우선 염(念)하느니라.
- 도(道)에 뜻을 둔 사람은 매월 초육일 및 신일(辛日)과 성탄일 6월 24일에 단을 세우고 치재(致齋)하느니라.
- 인경(人經)을 외울 때에는 신장퇴문은 읽지 않느니라.
- 옥추보경이 집안에 있으면 일체 재난이 침범하지 못하며 귀신과 마귀가 멀리 달아나 숨느니라.
- 옥추경을 독경하여 도를 이루고자 하는 사람은 제일 먼저 생선과 고기 및 오신채(五辛菜)를 먹지 말거나 적당히 먹어야 하느니라. 이는 선가(仙家)에서 크게 꺼리는 일이니라.

- 범인(凡人)이 재난소멸로 독경하려거든 독경일 및 전후 3일을 재계하고 생선과 고기, 오신채를 엄금해야 하느니라.
- 옥추부는 도가(道家)의 희귀한 보배니 성심(誠心)으로 공경해야 하며 만약 자만하여 가볍게 여기면 반드시 신(神)의 질책이 있으리라.
- 옥추부는 괴황지에 그려 봉안하되 갑자시(甲子時)에 의관을 바로 하고 동쪽을 향하여 향과 청수를 올리고, 이를 3·7편 마주치고 천존보상을 묵상(默想)하고 주문을 외우며 경면주사로 쓰느니라.

주왈(呪曰) 〔옥추부를 그릴 때는 상(喪)중인 사람과 여자를 꺼리느니라〕

僔钂唻嚘　相磥乩嶉　眈將鋤
　　　　　죠 휴 라 리　　시 뢰 박 산　　심 장 진

옥추부를 봉안하지 않고 독경하면 신명(神明)이 감응치 않느니라.

옥추부를 갑자시(甲子時)에 그리지 않으면 감응치 않느니라.

독경할 때는 옥추부를 정동(正東)에 봉안하고 향을 피우고 예배(禮拜)하며, 갑자시(甲子時)에 마당에서 북두(北斗)를 향해 태우느니라.

도(道)에 뜻을 둔 사람은 옥추부를 항상 봉안하며, 깨끗한 주머니에 넣어 항상 지니고 있으면 삼재팔난이 불침하며 삿된 귀신이 멀리 도망가 숨느니라. 범부(凡夫)가 옥추부를 지니면 여러 가지 재난이 소멸하느니라.

옥추보경(玉樞寶經) 읽는 법

　읽는 법은 앞의 옥추보경 범례에 나와 있거니와 읽는 마음의 자세에 대해서인데, 단군(檀君) 한배검의 말씀인 삼일신고(三一神誥)를 고구려의 재상이었던 마의극재사(麻衣克再思)께서 읽는 법을 말씀하신 것이 대종교(大倧敎)의 경전에 실려 있는데 뜻이 좋아 여기에 옮깁니다.

　천지(天地) 간의 이치는 하나로 두루 통하는 것이므로 삼일신고(三一神誥)를 독경하는 자세와 옥추보경(玉樞寶經)을 독경하는 자세가 다를 리 없을 것입니다.

삼일신고 읽는 법

마의극재사(麻衣克再思)가 이르되―

아! 우리 신도들은 반드시 「신고」를 읽되, 먼저 깨끗한 방을 가려 「진리도」를 벽에 걸고 세수하고 몸을 깨끗이 하며 옷깃을 바로 하고 비린내와 술을 끊으며 향불을 피우고 단정히 꿇어 앉아 한얼님께 묵도하고 굳게 맹서를 다지며 모든 사특한 생각을 끊고, 삼백예순여섯 알의 박달나무 단주를 쥐고 한마음으로 읽되 원문 삼백예순여섯 자로 된 진리를 처음부터 끝까지 단주에 맞춰 일관할지니라.

읽기를 삼만 번에 이르면 재앙과 액운이 차츰 사라지고, 칠만 번이면 질병이 침노하지 못하며, 십만 번이면 총칼을 능히 피하고, 삼십만 번이면 새·짐승이 순종하며, 칠십만 번이면 사람과 귀신이 모두 두려워하고, 일백만 번이면 신령과 「밝은 이」들이 앞을 이끌며, 삼백육십육만 번이면 몸에 있는 삼백예순여섯 개의 뼈가 새로워지고 삼백예순여섯 혈(穴)로 기운이 통하여, 천지가 돌아가는 삼백예순여섯 도수에 맞아 들어가 괴로움을 떠나고 즐거움에 나가게 될 것이니 그 오묘함을 이루 다 어찌 적으리오.

그러나 만일 입으로만 외고, 마음은 어긋나 사특한 생각을 일으켜 함부로 함이 있으면, 비록 억만 번 읽을지라도 이는 마치 바다에 들어가 범을 잡으려 함과 같아, 마침내 성공하지 못하고, 도리어 수명과 복록이 줄게 되며 재앙과 화가 고대 이르고, 그대로 괴롭고 어두운 누리에 떨어져 다시는 빠져 나올 방도가 없으리니 어찌 두렵지 아니하랴. 애쓰고 힘쓸지어다.

차례

명세종숙황제어제서(明世宗肅皇帝御製序)

역(易)에 가로대 「만물(萬物)을 움직이는 것에는 우레(雷)보다 빠른 것이 없다.」라고 하였는데 뢰(雷)는 주역(周易)에서 진괘(震卦)니라.

일양(一陽)이 이음(二陰) 아래에서 생기니 정(靜)함이 극(極)에 달하여 동(動)함이 일어나 그 소리가 엄청나게 커서 그 소리를 듣고 놀라지 않는 사람이 없느니라.

그러나 그 소리가 울리면 땅속에 묻혀 있던 씨는 싹이 트고 땅속에 숨어 있던 벌레들은 밖으로 나오니 동물이나 식물이나 각기 그 삶을 살아가게 되느니라.

이는 뢰(雷)가 만물(萬物)을 치고 때리는 가운데에서 만물을 발육(發育)시키는 인(仁)인 것이며 천지(天地)의 마음을 여기에서 볼 수 있느니라.

짐(朕)은 옥추보경(玉樞寶經)을 이렇게 보노라.

구천응원뇌성보화천존(九天應元雷聲普化天尊)께서 위로 옥청경(玉清境)에 계시면서 오뢰(五雷)를 거느리고 뭇 마구니들을 굴복시키며, 청정심(淸淨心)으로 광대한 원(願)을 세워 내세(來世)의 중생(衆生)들이 도(道)를 공부하여 신선(神仙)이 되기를 바라고, 재액(災厄)을 없애고자 하는 사람들은 생각을 일으켜 당신의 명호(名號)를 부르기만 하면 반드시 감응(感應)이 있을 것이라고 말씀하느니라.

만약 운명이 기구하거나, 병이 깊어 오래 가거나, 옥송(獄訟)으로 괴롭거나, 혼인은 하였으나 자식을 얻고 기르는 데에 어렵거나, 집을 수리하거나 지을 때에 금기(禁忌)를 범하여 재앙이 일어나거나, 새와 쥐, 뱀, 벌레들의 요사한 기운으로 재앙이 생기거나, 물이 범람하여 땅이 떠내려가는 일이 생기거나, 가뭄과 홍수로 피해가 생기는 등 이러한 일들이 생기면 이 경(經)이 능히 소멸시키느니 이것이 바로 천지(天地)에서 우레를 울려 만물을 소생시킨다는 뜻이니라.

이 경의 근본적인 뜻은 들음(聞)도 없고 봄(見)도 없는 경지가 참된 도(道)며, 잊어서 가히 잊을 것이 없는 경지가 지극한 도(道)고, 알지 못하는 바를 아는 것이 곧 자연(自然)이라는 데에 있느니라.

그러므로 오로지 적정(寂靜)으로 도(道)에 들어가는 문(門)을 삼는 것이니라.

사람은 욕망이 움직이고 정욕(情慾)이 승(勝)하여 죄악이 날로 쌓이므로 재액(災厄)이 따르는 것이니라.

경(經)에서 말하는 것이 도(道)를 공부하고자 하는 사람은 고요

히 하고 움직임을 삼가하여 복(福)을 빌고 재앙을 물리치는 것이
니 이를 근본으로 삼아야 하지 않겠는가.

　짐은 이 경으로 수많은 중생들을 교화(教化)하여 흉함을 피하
고 길한 데로 나아가 다함께 어질고 오래 사는 지경에 이르도록
한다고 생각하느니 그래서 책머리에 다시 서(序)를 쓰는 것이니
라.

옥추보경 증찬(玉樞寶經 證讚)

하늘(天)은 말이 없는데 어떻게 이 경(經)이 있게 되었는가.

하늘은 무체(無體)지만 귀신(鬼神)이므로 조화(造化)의 자취를 드러내느니라.

하늘은 유심(有心)하며 상제(上帝)께서 맡아 주재(主宰)하시는 이름인데 하늘은 말씀이 있기도 하고 없기도 하느니라.

어떻게 사람이 생겨난 것인가 하면 하늘의 조화로, 하늘의 성품을 이어 받으므로 인한 것인데 이는 상제(上帝)의 영(令)이 있기 때문이니라.

무릇 사대(四大), 칠좌(七佐), 삼강(三綱), 육기(六紀) 등 수많은 선(善)한 규율도 모두 상제(上帝)의 영(令)으로 정해진 것이라.

만약 상제(上帝)의 영이 아니면 천품(天稟)을 받지 못하고 천품을 받지 못하면 사람이 생겨 나오지 못하느니라.

만약 하늘이 불언(不言)이면 그 영(令)을 내리는 존재가 누구이겠는가. 사람이 사람으로 처음 화생(化生)했을 때는 지각(知覺)이 없어 스스로 하늘의 말씀을 듣지 못하는 것이지 어찌 하늘의 말씀이 없었겠는가.

사람이 하늘의 기(氣)를 받고 태어날 적에 청기(淸氣)는 적게 받고 탁기(濁氣)는 많이 받으므로 현자(賢者)는 적고 우자(愚者)는 많느니라.

악한 사람은 방자히 웃으면서 하는 말이 '저 푸른 하늘 위에 귀신(鬼神)이 어디 있느냐. 상제(上帝)가 어디 있느냐. 나는 모르겠다' 하는 등 이 세상에 하늘 무서운 줄 모르는 자들이 차고 넘치느니라.

그러므로 황천(皇天)에서 시시(時時)로 뇌정(雷霆)을 발(發)하여 신위(神威)를 크게 떨치느니 중생들을 북을 쳐서 일으키고, 깨우쳐 동요케 하는데 작은 죄면 꾸짖음으로 그치지만 큰 죄면 멸(滅)하나니 하늘이 어찌 말씀이 없다 하겠는가.

악(惡)을 짓고도 고치지 않는 자도 뇌(雷)로써 다스리나니 이 어찌 슬프지 않으리오.

선철(先哲)의 말씀에

'천어(天語)는 지극히 작아 사람이 듣지 못하는 것은 이치(理)가 그런 것이고, 천어(天語)가 지극히 커서 만물(萬物)이 모두 듣는 것은 뇌(雷)로 인함이라.' 라 했는데

이는 지극히 옳은 말씀이라.

이(理)란 뇌(雷)를 발(發)하는 까닭에 이(理)인 것이고, 뇌(雷)란 이(理)를 행(行)하는 까닭에 뇌(雷)인 것이니 합하여 말하면 이는 모두 상제(上帝)의 옥음(玉音)이니라.

오직 우리 보화천존(普化天尊)을 흠모하노니 일천구기(一天九氣)의 화생(化生)을 맡았으며 삼계만령(三界萬靈)을 주재(主宰)하는 권세를 지니셨으니 대덕(大德)은 가로대 생(生)이요, 신무(神武)는 가로대 위(威)라.

신소응원지부(神霄應元之府)를 여시어 오뢰정법지사(五雷正法之司)를 두시고 장군(將軍), 사자(使者), 규록(糾錄), 염방(廉訪)의 제신(諸神)으로 여러 일을 맡게 하고 뇌사호옹(雷師皓翁)으로 하여금 통솔하게 하시느니라.

천존(天尊)께서 스스로 맡으신 바 일이 이처럼 광대하나니 비록 말씀을 아니 하여도 일은 자연히 이루어지느니라.

천존의 말씀이 이 세상에 전해지지 않음은 불가(不可)하고, 글로 지어지지 않음도 불가하므로 뇌사호옹이 천존의 가르침을 받들고 물러나와 기술(記述)한 것이 이 경(經)이니라.

이 옥추보경(玉樞寶經)은 현현(玄玄)하고 심오(深奧)하며 진귀한 비결(秘訣)이 간직되어 있어 인간 세상에 전해지면 어느 때에 가서나 사람들이 이해할지 모를 일이니라.

삼가 머리 숙여 경(經)을 받들어야 할 것이며 경문(經文)의 뜻은 지극히 종요(宗要)로우며 지극히 호호탕탕(浩浩蕩蕩)하니라.

뿐만 아니라 정경(正經) 7장(章)의 본문 141자는 실로 오천언 도덕경(五千言 道德經)의 뜻을 다하였으며, 하경(下經) 4장(章)의 본문 138자는 가히 팔만대장경의 선지(禪旨)와 겨룰 만하고, 14장(章)의 18조목(十八條目)에 유가(儒家)의 예제삼천(禮制三千)이 다

들어 있으며 기타 장(章)의 내용도 일상생활의 도리에 꼭 맞는 가르침이니 공경하고 공경하며 믿고 또 믿어야 할지라.

부전(符箋) 15장(章)은 구천(九天)의 심비(深秘)한 글인데 뇌사호옹께서 쓰는 용도를 설명하였으니 삼가하고 받들어야 하며 주머니에 넣어 간직하기도 하느니라.

여러 진선(眞仙)들께서 주해(註解)를 달으시어 경(經)의 뜻이 찬연히 빛나니 사람들은 어서 깨달아 집집마다 이 경을 모시고 받들어야 할 것이라.

무릇 우리 동포(同胞)들은 지금부터는 이 경을 공경히 받아 지녀 탁자(濁者)는 청(淸)하게 되고, 우자(愚者)는 현(賢)하게 되어 다시는 하늘은 말이 없다고 방자하지 말며 불선(不善)한 일을 함부로 하지 말아야 하느니라.

'옥추(玉樞)' 라 이름 한 뜻은 금전(金篆)을 봉행(奉行)하는 법이기 때문인데 고인(古人)이 밝게 밝혀 놓으셨으므로 덧붙여 얘기할 것이 없느니라.

중생(衆生)들이 혼미(昏迷)하고 어리석어 비록 이 경을 읽었어도 하늘의 일(天事)은 언제나 너무나 유원(幽遠)하여 믿기 어려우므로 헛되이 귀신을 상제(上帝)로 알고 상제께서 실로 천존(天尊)임을 알지 못하느니라.

문득 천존(天尊)이 이미 상제(上帝)임을 알았다 하더라도 스스로 성실하고, 삼가하며, 지성스러우며 악(惡)을 경계하고 선(善)을 지키는 것이 천존이신 상제의 영(令)임을 알지 못하느니라. 이 어찌 크나큰 슬픔이 아니리오.

내가 만년(晚年)에 이 경(經)을 만나 받들어 독경한지 수 해만에 관규(管窺)를 깨달았느니라.

앞으로 이와 같이 할 사람이 있어 삼가 경(經)의 요의(要義)를 잘 살려 경(經)의 처음부터 끝까지 써서 후세의 사람들에게 권하면 나같이 둔한 사람이라도 독경하여 막힌 곳을 뚫어 일변(一變)하여 가히 지극한 도(道)를 깨닫느니라.

영호현회자〔瀛壺玄檜子 두광정(杜光庭)〕 선(譔)

옥추보경 서(玉樞寶經 序)

만물(萬物)을 살펴보니 세상이 혈기(血氣)의 무리로 꽉 차 있음이라.

진체(眞體)에 혼미하여 외물(外物)을 좇아 욕심을 일으켜 동(動)하고 정(靜)하는 데에 대도(大道)를 자각하지 못하느니라.

망령되이 삿된 것을 좇아 그것에 집착하고, 육적(六賊)인 마음의 작용을 기꺼워하며 만 가지 바깥 경계에 마음이 전도(顚倒)됨이 쉼이 없으니 한 번 잘못된 길로 접어들어 수없이 많은 샛길로 빠지고 마느니라.

그렇게 허둥지둥 대면서 만겁(萬劫)에 보배구슬을 잃고 천추(千秋)에 증애(憎愛)만 구하여 탐욕(貪慾)은 산과 같고 정욕(情欲)은 바다와 같이 되어 일생을 허비하고 마느니라.

진풍(塵風)과 업해(業海)를 즐기며 살다가 일촌광음(一寸光陰)에 한 줌 흙으로 돌아가는 것도 모르고 몇 척 안 되는 이 몸뚱이가 영원한 것처럼 여기느니라.

색성향미(色聲香味)가 그 성(性)을 어지럽게 하고

희로애락(喜怒哀樂)이 그 영(靈)을 어둡게 하느니

작은 지혜를 탐하여 대체(大體)를 몰라 신령스러운 지혜를 중생의 어두운 소견머리에 묻어 버리느니라.

이와 같이 수없는 생을 어둡고 어두운 생각에 빠져 살므로 죄업(罪業)이 중(重)하여 오고(五苦)와 팔난(八難)이 끊임없이 일어나고 환해탁세(幻海濁世)를 벗어나지 못하느니라.

그러므로 천존(天尊)께서 대자비심(大慈悲心)을 발(發)하여 무궁한 조화로 중생을 제도하시어 신선(神仙)의 반열에 오르게 하시니 견줄 바 없는 그 신력(神力)을 모두 드러내기 어려우니라.

그러나 간략히 몇 가지를 들어 애기하자면, 우로(雨露)를 내리어 만물을 후택(厚澤)케 하시고 오행(五行)을 정(定)하여 차례를 보이시며 주야(晝夜)를 나누어 이치를 밝히시며 뢰(雷)를 용(用)하여 행권(行權) 하시느니라.

무릇 뢰(雷)는 군생(群生)들의 목탁(木鐸)이며 유정(有情)들의 경종(警鐘)이라. 하늘은 뢰(雷)로 숙살(肅殺)의 기운을 행하며 땅은 뢰(雷)로 중생들의 혼미함을 일깨우느니라.

뢰(雷)의 용(用)은 허다한 묘(妙)함을 간직하고 있어 만물을 이루기도 하고 무너뜨리기도 하며, 만상(萬象)을 품고 있어 무엇에도 견줄 바가 없느니라.

사람에 따라 다르게 나타나니 인자(仁者)는 뇌성(雷聲)을 듣고 이치를 깨닫고, 악자(惡者)는 마음을 뉘우치며, 약자(弱者)는 용기가 나고, 강자(强者)는 부드러워지느니라.

뢰(雷)는 만물을 일으키기도 하고 그치게도 하며, 살리기도 하고 죽이기도 하니 뢰(雷)의 공(功)이 크게는 천지(天地)를 조판(造版)하여 만물을 기르고 작게는 일시(一時)에 미물곤충까지도 성(盛)하게 하므로 말로 다 할 수 없느니라.

구천(九天) 위에 오직 우리 천존(天尊)께서 뇌성(雷聲)을 발(發)하여 만물을 다스리시니 보경(寶經)을 설하여 중생들을 제도하시는데 마정(魔精)을 항복받고 귀신을 물리치고, 요망함과 재앙을 없애시느니라.

인연(因緣)의 법(法)을 정하시어 과거의 행적에 따라 내세에 그 보(報)를 받게 하시며, 선행(善行)은 드러내어 복(福)을 더하게 하시고, 악업(惡業)은 고통을 주어 경종을 울리느니라.

이 경에 정성을 드리는 사람은 재앙을 소멸케 하고, 수행자(修行者)는 도(道)를 깨닫게 하시니 이 세상의 중생들이 진욕(塵欲)에 물들지 않고 성심(誠心)으로 깊이 수련하면 모든 의혹되는 점을 타파하여 모든 진욕(塵欲)을 남김없이 여의게 되느니라.

모든 욕심을 여의어 일약(一躍) 화기(火器)를 이루면

만상(萬象)이 일원(一源)으로 동귀(同歸)하여

금은동철(金銀銅鐵)이 다 녹아 한 가지 금(金)으로 화(化)하며

두미서율(豆米黍栗)이 다 한 맛으로 화(化)하여

천상인간(天上人間)이 내 뱃속에 있으며

억변만화(億變萬化)가 내 손바닥 안에 있으며

삼십육천(三十六天)이 내 생각 속에 벌여져 있으니

이 경(經)의 대지(大旨)가 이러한 것이 털끝만한 차이도 없느니라.

선장소지 삼산귀조(禪杖所指 三山歸鳥)

추정(秋汀) 최병두(崔秉斗)

【개경찬(開經讚)】

선재(善哉)시라 보화군(普化君)이여!

옛적에 옥청천(玉淸天)에 계시사

칠보대(七寶臺)에 편안히 앉으시고

뭇 천선(天仙)들이 운집(雲集)하나니

옥추(玉樞)의 지극한 도(道)의 뜻을,

중(重)하고 현현(玄玄)한 도(道)를 세밀히 말씀하시느니라.

뇌사(雷師)가 천존께 직접 여쭙나니

천존(天尊)께서 금구(金口)로 밝히시고

청정(淸淨)한 광대원(廣大願)으로

가없는 중생(衆生)들을 이익 되게 하시느니라.

진망(眞忘)이 유일(唯一)한 도(道)이니

이렇듯 신묘(神妙)하고 깊은 도(道)가 세상에 전해지지 않음은
불가하니라.

천룡(天龍)과 신귀(神鬼)의 무리가 모든 고난에서 벗어나느니
라.

미묘(微妙)함을 알면 혜광(慧光)이 생(生)하고

삼가할 줄 알면 성지(聖智)가 온전하나니

그 공덕(功德)이 불가사의하여 과보(果報)가 인연(因緣)따라 나타나느니라.

이 송(誦)을 명심(銘心)하여 삼보전(三寶前)에 머리를 숙여야 하리라.

善哉普化君　昔在玉淸天　宴坐七寶臺　普集諸天仙
선 재 보 화 군　석 재 옥 청 천　연 좌 칠 보 대　보 집 제 천 선

玉樞至道旨　細議說重玄　雷師親請問　天尊金口宣
옥 추 지 도 지　세 의 설 중 현　뢰 사 친 청 문　천 존 금 구 선

淸淨廣大願　利益無有邊　眞忘道惟一　秘賾不可傳
청 정 광 대 원　이 익 무 유 변　진 망 도 유 일　비 색 불 가 전

天龍神鬼衆　悉使超渙然　知微慧光生　知謹聖智全
천 룡 신 귀 중　실 사 초 환 연　지 미 혜 광 생　지 근 성 지 전

功德不思議　報應顯因緣　冥心今課誦　頫顙三寶前
공 덕 부 사 의　보 응 현 인 연　명 심 금 과 송　부 신 삼 보 전

【계청송(啓請頌)】

매월 6일과 신일(辛日), 그리고 성탄(聖誕) 6월 24일에 재(齋)를
지냄

신소(神霄)의 뇌조제(雷祖帝)이시며

구천(九天)의 보화군(普化君)이시고

도(道)를 말씀하시며 구봉(九鳳)에 올라 앉으시고

법(法)을 지니시고 기린(麒麟)을 타시며

성(聖)스러운 산악(山嶽)의 장수들을 거느리시고

뇌정(雷霆)에게 영(令)을 내리시며

삼신일(三辛日)과 6일에 사람의 선악(善惡)을 살피시고

재앙과 액(厄)을 소멸하나니

천존(天尊)의 명호를 외고 보경(寶經)을 독경해야 하리라.

神霄雷祖帝 九天普化君 談道趺九鳳 持法騎麒麟
신 소 뢰 조 제　구 천 보 화 군　담 도 부 구 봉　지 법 기 기 린

統攝聖嶽將 掌令判雷霆 三辛逢初六 察人善惡情
통 섭 성 악 장　장 령 판 뢰 정　삼 신 봉 초 육　찰 인 선 악 정

消災並度厄 稱名誦寶經
소 재 병 도 액　칭 명 송 보 경

【정심신주(淨心神呪)*】

　더없이 높은 삼태성(三台星)[1]이 응(應)하여 변화하는 것이 쉬지
않으니 삿된 귀신을 물리치고 도깨비를 결박하여 목숨을 보전하
고 몸을 지켜 주며, 지혜를 밝고 맑게 하며, 심신(心身)을 편안하
게 하며, 삼혼(三魂)[2]을 영구히 보전케 하며, 백(魄)[3]이 상하지 않

---

1 삼태성(三台星) : 여섯 별로써 둘씩 있고 명칭은 허정(虛精), 육순(六淳),
　곡생(曲生)으로 북두칠성과 더불어 별들 중에서 가장 높아 음양을 조화
　시키고 만물을 다스린다.
　(《삼청영보대법(三淸靈寶大法)》)
　북두주(北斗呪)에 "삼태허정(三台虛精) 육순곡생(六淳曲生) 생아양아(生我
　養我) 호아신형(護我身形)", 삼태성이 나를 낳아주고 길러주며 나를 보
　호해 준다는 구절이 있다.
2 삼혼(三魂) : 태광(台光), 상령(爽靈), 유정(幽精)을 말함. 도가(道家)에서는
　사람의 자아(自我)를 마음 혹은 영혼 등의 하나의 존재로 규정하지 않
　고 혼백이라는 음양의 두 기운으로 파악하고 나아가 혼(魂)도 세 가지,
　백(魄)은 일곱 내지는 아홉으로 얘기하고 있다. 그러나 보다 궁극적인
　입장에서 본다면 삼혼칠백(三魂七魄)도 아직 가아(假我)의 존재이지 진
　정한 자아(眞我)는 아닐 것이다.
　혼백에 관한 도서(道書)의 몇 가지 입장을 예시한다.
　＊혼기(魂氣)는 하늘로 돌아가고 형체를 갖춘 백(形魄)은 땅으로 돌아간
　다. (《예기(禮記)》)

게 하소서.

太上台星 應變無停 驅邪縛魅 保命護身
태 상 태 성 응 변 무 정 구 사 박 매 보 명 호 신

知慧明淨 心神安寧 三魂永久 魄無喪傾
지 혜 명 정 심 신 안 녕 삼 혼 영 구 백 무 상 경

*예로부터 주문은 번역하지 않는 것이 원칙이나 이해를 돕기 위해 번역과 설명을 실었습니다. 마음을 맑게 하는 신주(神呪).

---

* 천기(天氣)는 혼이 되고, 지기(地氣)는 백이 된다. (《회남자(淮南子)》)

* 혼은 사람의 양신(陽神)이고, 백은 음신(陰神)이다. (《회남자 고유주 (淮南子 高誘註)》)

* 기(氣)란 사람의 혼기(魂氣)를 말하는데 사람이 죽으면 혼기의 영(靈)이 신(神)이 되고, 백(魄)은 사람의 체백(體魄)을 말하는데 사람이 죽으면 체백의 영(靈)이 귀(鬼)가 된다. (《제경요집 오징주(諸經要集 吳澄註)》)

* 혼은 기(氣)의 신(神)이니 청(淸)하기도 탁(濁)하기도 한데 입과 코로 호흡하는 까닭이며 숨을 내쉬는 것은(呼) 양기(陽氣)가 펴지는(伸) 것이고, 숨을 들이 마시는 것은(吸) 음기(陰氣)가 굽혀지는(屈) 것이다. 백은 정(精)의 신(神)이니 허(虛)하기도 실(實)하기도 한데 귀와 눈이 보고 듣고 하는 까닭이며 보는 것은 양명(陽明)하고 듣는 것은 음령 (陰靈)하다. (《성명규지 혼백도제(性命圭旨 魂魄圖題)》)

3 칠백(七魄) : 시구(尸狗), 복시(伏矢), 작음(雀陰), 탄적(呑賊), 비독(非毒), 제 예(除穢), 취폐(臭肺)를 말함. 옥추경에는 둘을 더하여 구령(九靈)이라 하 였는데 북두구신(北斗九辰)에 응감했기 때문이다. 소구령장(召九靈章) 참조.

【 정구신주(淨口神呪)[4] 】

단주(丹珠)[5]인 구신(口神)[6]이 더러운 기운을 토(吐)하여 화(禍)를
없애고, 설신(舌神)이 바른 도리를 지켜 목숨을 형통케 하여 신
(神)[7]을 기르며, 수없이 늘어선 치신(齒神)이 삿됨을 물리쳐 참됨

---

4 정구신주(淨口神呪) : 입을 맑게 하는 신주(神呪).

5 단주(丹珠) : 구신(口神)의 이름.

6 구신(口神) : 도교의 대표적인 파중의 하나인 상청파(上清派)가 주장한
체내신(體內神)으로 입을 주관하는 신(神). 상청파는 강남의 강소성 모
산(茅山)에서 일어난 파인데 여선(女仙)인 남악위부인(南嶽魏夫人)의 영
(靈)이 모산에서 수행 중이던 양희(楊羲)에게 강림하여 경전과 부(符)를
전한 것이 그 시작이다.
상청파의 주요인물로는 육수정(陸修靜)과 도홍경(陶弘景), 사마승정(司
馬承禎) 등이 있다.
체내신(體內神)이란 도(道)의 원기(元氣)가 사람의 몸속에도 있는데 그
기운이 신(神)의 형태로 신체의 각 부분을 주관하고 있다는 것이다.
천계(天界)에만 무수한 천신과 신선이 있는 것이 아니라 사람의 몸속에
도 그러한 천신과 신선들이 신체 부위를 담당하고 있어 상청파의 수행
법인 존상법(存想法)으로 질병을 치료하고 나아가 도를 통하는 것이다.
(《태평경(太平經)》), (《삼십구장경(三十九章經)》), (《황정경(黃庭經)》) 등
에 존상법이 실려 있다.

7 신(神) : 외부의 신이 아니라 몸속의 체내신(體內神).

을 지키고, 후신(喉神)이 크게 벌어져 기신(氣神)이 맑은 침을 만들
며, 심신(心神)인 단원(丹元)⁸이 진리(眞理)에 통하게 하고, 사신(思
神)이 옥액(玉液)을 만들어 도기(道氣)가 길이 보존케 하소서.

丹珠口神 吐穢除氛 舌神正倫 通命養神
단 주 구 신 토 예 제 분 설 신 정 륜 통 명 양 신

羅千齒神 卻邪衛眞 喉神虎賁 氣神引津
라 천 치 신 각 사 위 진 후 신 호 분 기 신 인 진

心神丹元 令我通眞 思神鍊液 道氣長存
심 신 단 원 령 아 통 진 사 신 련 액 도 기 장 존

---

8 단원(丹元) : 심신(心神)의 이름.

【정신신주(淨身神呪)[9]】

영보천존(靈寶天尊)[10]께서 몸을 편안하게 하시고
제자(弟子)의 혼백(魂魄)과 오장(五臟)도 편안케 하시며
청룡(靑龍)[11]과 백호(白虎)[12]가 무리를 지어 일어나고
주작(朱雀)[13]과 현무(玄武)[14]가 이 몸을 호위케 하소서.

---

9 정신신주(淨身神呪) : 몸을 맑게 하는 주문.

10 영보천존(靈寶天尊) : 삼청천존(三淸天尊). 즉 옥청원시천존(玉淸元始天尊), 상청영보천존(上淸靈寶天尊), 태청도덕천존(太淸道德天尊)의 한 분. 여러 가지 설(說)이 있으나 불교의 삼신불(三身佛)인 법신불(法身佛), 보신불(報身佛), 화신불(化身佛)에 배대(配對)할 수 있으며 대종교(大倧敎)의 환인(桓因), 환웅(桓雄), 환검(桓儉)과 일맥상통한다.

11 청룡(靑龍) : 동쪽을 담당하는 육수(六獸)의 하나. 육수(六獸)는 청룡(靑龍), 주작(朱雀), 구진(句陳), 등사(騰蛇), 백호(白虎), 현무(玄武)다. 또는 북극성(北極星)과 북두칠성(北斗七星), 삼태성(三台星)을 호위하는 28수(宿) 중에 동쪽에 있는 7개의 별을 뜻하기도 한다. 각(角), 항(亢), 저(氐), 방(方), 심(心), 미(尾), 기(箕)의 일곱 별.

12 백호(白虎) : 서쪽을 담당하는 육수(六獸)의 하나. 혹은 28수(宿) 중에 서쪽에 있는 7개의 별을 뜻하기도 한다.
규(奎), 루(婁), 위(胃), 묘(昴), 필(畢), 자(觜), 삼(參)의 일곱 별.

13 주작(朱雀) : 남쪽을 담당하는 육수(六獸)의 하나. 혹은 28수(宿) 중에 남쪽에 있는 7개의 별을 뜻하기도 한다.

靈寶天尊 安慰身形 弟子魂魄 五臟玄冥
영 보 천 존 안 위 신 형 제 자 혼 백 오 장 현 명

靑龍白虎 隊仗紛紜 朱雀玄武 侍衛吾身
청 룡 백 호 대 장 분 운 주 작 현 무 시 위 오 신

정(井), 귀(鬼), 유(柳), 성(星), 장(張), 익(翼), 진(軫)의 일곱 별.

14 현무(玄武) : 북쪽을 담당하는 육수(六獸)의 하나. 혹은 28수(宿) 중에
북쪽에 있는 7개의 별을 뜻하기도 한다.

두(斗), 우(牛), 여(女), 허(虛), 위(危), 실(室), 벽(壁)의 일곱 별.

『안토지신주(安土地神呪)[15]』

  원시천존(元始天尊)[16]께서 편안하면서도 위엄 있게 자리하시고 널리 만령(萬靈)에게 고(告)하시니 산과 하천의 진관(眞官)들과 지신(地神)과 토지와 곡식의 신들은 망령되이 놀라지 말고 정도(正道)에 회향(回向)[17]하라. 내외(內外)로 엄숙히 깨끗이 하고 맡은 바 방위(方位)에 편안히 있으라

  제단(祭壇)을 잘 지켜서 태상(太上)[18]의 명이 있으면 삿된 정령(邪精)을 잡아가두고, 호법신왕(護法神王)은 송경(誦經)하는 사람을

---

15 안토지신주(安土地神呪) : 토지신(土地神)을 안정케 하는 신주(神呪).

16 원시천존(元始天尊) : 천지가 생기기 전의, 시간과 공간이 생기기 전의 구극(究極), 절대의 존재. 불교의 법신불(法身佛)과 상통함.

 * 신(神)은 위없는 자리에 계시면서 대덕(大德)과 대혜(大慧)와 대력(大力)으로 하늘을 내시되 무수한 세계를 주관하시고, 만물을 지어 내시되 티끌만한 것도 빠트리심이 없고, 밝고도 신령하시어 감히 이름을 지어 헤아릴 길이 없다. (《삼일신고(三一神誥)》)

17 회향(回向) : 자기가 지은 선근공덕(善根功德)을 다른 사람에게 돌리는 일. 여기서는 귀의(歸依)의 뜻임.

18 태상(太上) : 최상(最上)의 신. 혹은 태상노군(太上老君), 즉 노자(老子)를 뜻하기도 함.

호위하라.

　모두들 대도(大道)에 귀의(歸依)하여 원형이정(元亨利貞)[19]의 덕
(德)에 합해야 하리라.

元始安鎭	普告萬靈	嶽瀆眞官	土地祇靈
원시안진	보고만령	악독진관	토지기령
左社右稷	不得妄驚	回向正道	內外肅淸
좌사우직	부득망경	회향정도	내외숙청
各安方位	備守壇庭	太上有命	搜捕邪精
각안방위	비수단정	태상유명	수포사정
護法神王	保衛誦經	歸依大道	元亨利貞
호법신왕	보위송경	귀의대도	원형이정

---

19 원형이정(元亨利貞) : 주역에 있는 말로 건(乾 : 하늘)의 네 가지 덕을 말
　한다.
　원(元)은 만물의 생(生)으로 봄이고 인(仁)을 뜻하며
　형(亨)은 만물의 장(長)으로 여름이고 예(禮)를 뜻하며
　이(利)는 만물의 렴(斂)으로 가을이고 의(義)를 뜻하며
　정(貞)은 만물의 장(藏)으로 겨울이고 지(智)를 뜻한다.
　천지가 지공무사(至公無私)하게 운행하므로 원형이정의 사덕(四德)이
　생긴다.

【 정천지해예신주(淨天地解穢神呪)[20] 】

천지(天地)가 바르고 밝아서 자연히 더러운 기운이 흩어지니 깊고도 현허(玄虛)하며, 밝디 밝은 태원신(太元神)께서 팔방(八方)의 위신(威神)으로 하여금 이 몸을 자연(自然)에 합하도록 하소서.

영보천존(靈寶天尊)[21]의 엄명을 구천(九天)에 널리 고하니 무수히 벌어진 하늘이 응답하여 천강성(天罡星)[22]이 현현(玄玄)한 원기

---

20 정천지해예신주(淨天地解穢神呪) : 천지의 더러운 기운을 푸는 신주(神呪).

21 영보천존(靈寶天尊) : 옥청원시천존(玉淸元始天尊), 상청영보천존(上淸靈寶天尊), 태청도덕천존(太淸道德天尊)의 삼신(三神)의 한 분. 불교의 보신불(報身佛), 대종교(大倧敎)의 환웅(桓雄)과 상통함.

22 천강성(天罡星) : 두추(斗樞) 내에 있는데 파군성(破軍星)과 상대가 된다. 천강성은 정기(正氣)를 띠어 능히 생(生)하고 능히 살(殺)하므로 그 가리키는 곳이 곧 생방(生方)이 되어 생기(生氣)를 품으니 이를 취한즉 병을 치유하고 허(虛)함을 보(補)하며, 신(神)을 안정시켜 화(禍)를 없애며, 재앙을 소멸해 생(生)을 연장시키며 액(厄)을 푼다. 반대로 천강성이 있는 자리는 살기(殺氣)가 있어 이를 용(用)하면 가히 귀신을 참(斬)하고 사귀를 내몰며, 흉악하고 사나운 귀신을 제압하며, 사람을 해치는 마(魔)의 머리를 베는데 이러하므로 소지자(所指者)는 길하고 소재자(所在者)는 흉하다.
면재횡장 제13장 주석 참조.

(元氣)로써 요괴(妖鬼)를 베고 사귀(邪鬼)를 결박하여 수없이 많은 귀신을 제도하느니라.

중산신주(中山神呪)와 원시천존(元始天尊)의 옥문(玉文)을 받아 지녀 한 번이라도 독송하면 병이 없어지고 수명이 늘어나느니라.

오악(五嶽)의 신(神)을 어루만지며 팔해(八海)의 신(神)이 송경(誦經)소리를 듣고 마왕(魔王)을 속히 치고, 저를 호위하여 당당하게 하며, 흉하고 더러움을 치워내서 도기(道氣)가 상존(常存)하게 하소서.

天地正明 穢氣分散 洞中玄虛 晃朗太元
천지정명 예기분산 동중현허 황랑태원

八方威神 使我自然 靈寶符命 普告九天
팔방위신 사아자연 영보부명 보고구천

乾羅答那 洞罡太玄 斬妖縛邪 度鬼萬千
건라답나 동강태현 참요박사 도귀만천

中山神呪 元始玉文 持誦一遍 卻病延年
중산신주 원시옥문 지송일편 각병연년

按行五嶽 八海知聞 魔王束手 侍衛我軒
안행오악 팔해지문 마왕속수 시위아헌

凶穢消蕩 道氣常存
흉예소탕 도기상존

【금광신주(金光神呪)】

제발경울 : 도라박리는 36뇌신(三十六雷神)의 숨겨진 명칭이니 가르칠 수 있는 직책을 맡지 않은 사람은 가벼이 읽음이 불가(不可)함.

천지(天地) 중에 현묘(玄妙)하기가 으뜸이며 만기(萬氣)의 근본이니 억겁(億劫)에 걸쳐 널리 닦아 도(道)를 이루어야 하리. 삼계내외(三界內外)[23]로 오직 이 도(道)가 홀로 존귀하나니라.

그 체(體)인 금광(金光)으로 이 몸을 감싸주소서.

보려 하여도 볼 수 없고 들으려 해도 들을 수 없지만 천지(天地)를 감쌌고 만물을 양육(養育)하느니라.

이 주문을 수지(受持)해서 만 번을 독송하면 몸에서 광명이 나고 삼계(三界)의 신들이 시위(侍衛)하며, 오제(五帝)[24]가 나와 맞이하고 만신(萬神)이 조례(朝禮)하나니라.

또한 번개와 천둥을 부려 요귀(妖鬼)와 정령(精靈)을 쓸어 없애느니라.

안으로는 천둥과 벼락이 있나니 뇌신(雷神)의 숨겨진 이름은

---

23 삼계(三界) : 시간적으로 보아 무극계(無極界), 태극계(太極界), 현세계(現世界)로 나누고, 공간적으로 천계(天界), 지계(地界), 수계(水界)의 세 가지로 나눈다.
불교의 삼계인 욕계(欲界), 색계(色界), 무색계(無色界)의 뜻도 있다.

24 오제(五帝) : 동방청제지신(東方靑帝之神), 남방적제지신(南方赤帝之神), 중앙황제지신(中央黃帝之神), 서방백제지신(西方白帝之神), 북방흑제지신(北方黑帝之神).

『제발경울 기히린왈 흠파결리 허튼운필 기리치오 루진희불 연존 억역 수호살흘 도라박리』이니라.

칙명(勅命)을 받들어 깊은 지혜에 통하게 하라.

오기(五氣)[25]가 크게 빛이 나며 금광(金光)이 속히 현현(顯現)하여 진인(眞人)을 감싸 보호하소서.

天地玄宗 萬氣之根 廣修億劫 證我神通
천 지 현 종　만 기 지 근　광 수 억 겁　증 아 신 통

三界內外 惟道獨尊 體有金光 覆暎吾身
삼 계 내 외　유 도 독 존　체 유 금 광　부 영 오 신

視之不見 聽之不聞 包羅天地 養育群生
시 지 불 견　청 지 불 문　포 라 천 지　양 육 군 생

受持萬遍 身有光明 三界侍衛 五帝司迎
수 지 만 편　신 유 광 명　삼 계 시 위　오 제 사 영

萬神朝禮 役使雷霆 鬼妖喪膽 精怪亡形
만 신 조 례　역 사 뢰 정　귀 요 상 담　정 괴 망 형

內有霹靂 雷神隱名 啼醱叿鬱 夔順嶙嗈
내 유 벽 력　뢰 신 은 명　제 발 경 울　기 히 린 왈

吽破咭唎 噓哼眃嗶 捌磞哆唔 壘霆唏哵
흠 파 결 리　허 튼 운 필　기 리 치 오　루 진 희 불

哐噂逆役 嬬呼薩吃 噔囉釋譎 準勅奉行
연 존 억 역　수 호 살 흘　도 라 박 리　준 칙 봉 행

洞慧交徹 五氣輝騰 金光速現 覆護眞人
동 혜 교 철　오 기 휘 등　금 광 속 현　부 호 진 인

---

25 오기(五氣) : 오행의 기(氣). 목(木), 화(火), 토(土), 금(金), 수(水)의 다섯 기운.
천지만물은 모두 음양오행(陰陽五行)의 기운으로 이루어졌다.

【축향신주(祝香神呪)[26]】

향(香)은 보배로운 향기인데 구기(九氣)[27]가 흩어진 것이며 연기를 머금어 향(香)의 구름을 이루어 가득하나니라.

구천(九天)[28]을 모실 때와 금동(金童)이 말을 전할 때와 옥녀(玉女)가 신하로써 윗전에 아뢰고 하명(下命)을 받을 때 사용하느니라.

상제(上帝) 전에 영(令)을 받은 신하들이 모두 일깨워 주시기를 원하나니 도(道)를 이루는 연유는 거짓된 마음 없이 마음으로 공부하는 것이고, 향(香)을 끊이지 않고 전하여 사루고 옥(玉)으로 된 화로에 마음을 보존토록 하라고 하시니라.

상제(上帝) 전의 진령(眞靈)들과 아래에 있는 신선(神仙)들이 깃

---

26 축향신주(祝香神呪) : 기도나 제사 때 분향(焚香)하고 외는 신주.

27 구기(九氣) : 삼청(三淸)의 삼기(三氣)에서 각각 삼기(三氣)를 생(生)해 구기(九氣)가 된다. 수(數)의 시작은 1이고 끝은 9인데 1의 전(前)도 이름이 없고 9 다음에 숫자가 없으므로 양수(陽數)의 극(極)이니 구(九)는 천도(天道)를 뜻한다.

28 구천(九天) : 가장 높은 하늘. 하늘에서 가장 높은 곳. 구기(九氣)가 맺혀서 응결하여 구천(九天)을 이룬다.

발을 휘날리고 끝에 있는 신하들이 속히 구천(九天)에 알리나니
라.

香乃玉華 散景九氣 含煙香雲 密羅遄衝
향 내 옥 화　산 경 구 기　함 연 향 운　밀 라 경 충

九天侍香 金童傳言 玉女爲臣 通奏上聞
구 천 시 향　금 동 전 언　옥 녀 위 신　통 주 상 문

帝前令臣 所啓咸賜 如言道由 心學心假
제 전 령 신　소 계 함 사　여 언 도 유　심 학 심 가

香傳香爇 玉鑪存心 帝前眞靈 下盼仙旆
향 전 향 설　옥 로 존 심　제 전 진 령　하 반 선 패

臨軒令臣 關告遄達 九天
림 헌 령 신　관 고 경 달　구 천

【사십팔장청(四十八將請)[29]】

만법교주(萬法敎主)[30]   동화교주(東華敎主)[31]
대법천사(大法天師)[32]   신공묘제허진군(神功妙濟許眞君)[33]

---

29 사십팔장청(四十八將請) : 구천응원뇌성보화천존의 권속(眷屬)인 48신
장(神將)을 청(請)함. 48장(將)은 도교(道敎)의 조사진인(祖師眞人)과 호
법신장(護法神將)들이다.

30 만법교주(萬法敎主) : 확실하지 않음. 선천팔괘도(先天八卦圖)를 그린
복희씨(伏羲氏)라는 설이 있다.

31 동화교주(東華敎主) : 동화제군(東華帝君). 성은 왕(王), 이름은 현보(玄
甫), 호는 동화자(東華子)인데 화양진인(華陽眞人), 혹은 동화자부소양
군(東華紫府少陽君)이라고 불린다. 전진도(全眞道)의 창시자라 할 수 있
고 후에 종리권(鐘離權)에게 도를 전한다.

32 대법천사(大法天師) : 확실하지 않음. 순임금 혹은 소부(巢父)라는 설이
있음.

33 신공묘제허진군(神功妙濟許眞君) : 허손(許遜 : 239~374). 도교(道敎)의 한
파인 정명충효도(淨明忠孝道)의 시조(始祖). 시조라고는 하지만 살아
생전에 교단을 직접 세우지는 않고 사후(死後) 12세기초 옥륭만수궁
(玉隆萬壽宮)에서 도사 하진공(何眞公)에게 신(神)으로 강림(降臨)하여
비선도인경정명충효대법(飛仙度人經淨明忠孝大法)과 정명대법(淨明大
法)을 내려주어 하진공이 교파를 세운다.
정명충효도는 전진교(全眞敎)와 같이 삼교(三敎 : 儒佛仙)의 정신을 아우
르면서 충효를 주장하며 송나라 때의 유학인 이학(理學)이 사상의 중
심을 이루고 부록(符籙)을 중시한다.

홍제구천사(弘濟丘天師)³⁴   허정장천사(許靜張天師)³⁵

정양허진군(旌陽許眞君)³⁶   해경백진인(海瓊白眞人)³⁷

───────

허손은 사후(死後) 감천상제(感天上帝)라는 시호를 하사받았는데 현재 동남아시아, 특히 싱가포르에서는 여성의 질병을 치유해 주는 신으로 많은 사람들의 신앙을 얻고 있다.

34 홍제구천사(弘濟丘天師) : 구처기(丘處機 : 1148~1227). 장춘진인(長春眞人). 금나라 때 유불선 삼교 합일을 주장하는 전진도(全眞道)의 조사(祖師) 왕중양(王重陽 : 1112~1170)의 일곱 제자인 칠진(七眞)의 한 사람. 19세에 영해(寧海)의 곤유산(昆崳山)에서 출가하여 왕중양의 제자가 되고 후에 용문산(龍門山)에서 수행하여 전진도 용문파의 시조(始祖)가 되었다. 칭기즈칸의 신임을 얻었음. 현재 중국 북경(北京)에 있는 도교 사원인 백운관(白雲觀)에 구처기를 모시는 구조전(丘祖殿)이 있다.

35 허정장천사(許靜張天師) : 장릉(張陵 : 34~156). 혹은 장도릉(張道陵). 중국 후한(後漢) 때 천사도(天師道)의 조사(祖師). 태학(太學)에서 유학을 공부하다 사천성(四川省)에 있는 학명산(鶴鳴山)에 들어가 수행과 저술에 힘쓰던 중 노자(老子)께서 강림하여 신출정일맹위지도(新出正一盟威之道)를 전해 받고 이 법(法)으로 많은 사람들의 질병을 고쳤다. 신도들에게 쌀 다섯 말을 받았으므로 오두미도(五斗米道)라고 한다. 이 교단의 중심 경전은 노자상이주(老子想爾注)이다. 도계(道誡)를 지킬 것을 강조하고 세상의 사악한 설이나 주의에 미혹되는 일이 없이 진도(眞道)에 충실해야 한다고 역설한다.

36 정양허진군(旌陽許眞君) : 주 33의 허손(許遜)이 한때 정양령(旌陽令)의 벼슬을 했기 때문에 허정양이라 하고 송나라 때 신공묘제허진군(神功妙濟許眞君)으로 봉해진 것인데 어찌된 것인지 확인이 어렵다.

37 해경백진인(海瓊白眞人) : 백옥섬(白玉蟾 : 1194~1229). 호는 해경자(海瓊子). 남송(南宋) 때의 사람으로 장백단(張伯端 : 984~1082)을 계승한 도교 남오조(南五祖)의 한 사람. 신(神)은 주인이고 정기(精氣)는 객(客)이라 하고 신(神)의 취산(聚散)을 일념(一念)의 변화라고 했다. 수선변혹론(修仙辨惑論)에서 도교의 근본을 이루는 내단(內丹)이론을 하품(下品)으로 폄하하고 불교의 선종(禪宗)과 노장(老莊)의 이치를 상품(上品)으로 규정했다.

낙양살진인(洛陽薩眞人)³⁸   주뢰등천군(主雷鄧天君)³⁹

판부신천군(判府辛天君)   비첩장천군(飛捷張天君)

월패주천군(月孛朱天君)   동현교주신조사(洞玄敎主辛祖師)

청미교주조원군(淸微敎主祖元君)

청미교주위원군(淸微敎主魏元君)⁴⁰

동현전교마원군(洞玄傳敎馬元君)

---

38 낙양살진인(洛陽薩眞人) : 살수견(薩守堅). 중국 송(宋)나라 때의 도사. 일찍이 의술을 배웠으나 약을 잘못 써 사람을 죽여서 의술을 버리고 도(道)를 배웠다. 허정천사(虛靖天師)를 스승으로 모시고 오뢰법(五雷法)을 터득하고 왕령관(王靈官)이라는 유명한 제자를 두었다. 명대(明代) 성조(成祖)는 살수견과 왕령관을 모신 조사전(祖師殿)과 천장묘(天將廟)를 세우고 두 사람을 숭은진군(崇恩眞君), 융은진군(隆恩眞君)으로 봉했다. 법술(法術)로 살진군신소청부오뢰비법(薩眞君神霄靑符五雷秘法)이 있다.

39 주뢰등천군(主雷鄧天君) : 도교(道敎)에는 원래 호법신장(護法神將)인 36천장(天將)이 있는데 이 36천장 대부분이 옥추경의 48장(將)에 천군(天君), 원수(元帥)라는 이름으로 등장한다. 이 천장(天將)에는 본래 천신(天神)이 있고, 세상에 충효(忠孝)로 이름난 인물, 혹은 걸출한 영웅들이 사후(死後)에 천장(天將)으로 배속된다.

40 청미교주위원군(淸微敎主魏元君) : 위화존(魏華存). 251년에 산동성에서 태어나 어릴 때부터 도덕경을 읽으며 금욕적인 생활을 하던 중 288년 태극진인(太極眞人) 등의 신들이 내려와 대동진경(大洞眞經) 등의 경전을 주면서 내성법(內省法)과 구결(口訣)을 전수해 주었다. 83세에 신이 준 선약(仙藥)을 먹고 시해선(尸解仙)이 되어 승천, 천상에서 한층 더 수행을 한 뒤에 서왕모의 안내를 받아 옥신대도군(玉晨大道君) 밑에 들어가 자허원군(紫虛元君)으로 봉해져 남악(南岳) 형산(衡山)을 맡게 되었다. 그래서 남악위부인(南岳魏夫人)으로 불리기도 한다. 모산(茅山) 상청파(上淸派)의 시조라고도 한다.

혼원교주로진군(混元敎主路眞君)

혼원교주갈진군(混元敎主葛眞君)[41]

신소전교종리진선(神霄傳敎鐘離眞仙)[42]

신소전교여진선(神霄傳敎呂眞仙)[43]　　화덕사천군(火德謝天君)

---

41 혼원교주갈진군(混元敎主葛眞君) : 갈현(葛玄 : 164~244). 중국 삼국시대 오(吳)나라 사람. 일찍이 좌자(左慈)를 따라 도를 배우고 태청(太淸), 구정(九鼎), 금액(金液) 등의 단경(丹經)을 받았다. 항상 복이(服餌 : 각종 약재를 조제하여 복용하는 것)를 하였고 부적의 사용이 능했다. 후에 강서성 합조산(閤皁山)에서 수도했는데 갈선공(葛仙公) 혹은 태극좌선공(太極左仙公)이라고 받들어진다.

42 신소전교종리진선(神霄傳敎鐘離眞仙) : 종리권(鐘離權). 호는 정양자(正陽子). 전설적인 팔선(八仙)의 한 사람. 한(漢)나라 때 좌간의대부(左諫議大夫)라는 벼슬을 했는데 어떤 사건으로 유배를 당하고 한나라 멸망 후 진(晉)나라 무제(武帝) 때 전쟁에서 패하여 종남산(終南山)으로 도망쳤다. 산에서 길을 잃고 방황하다가 동화제군(東華帝君)을 만나게 되었고, 비서(秘書), 부적, 청룡검법(靑龍劍法) 등을 배웠다.
후에 여동빈(呂洞賓)을 만나 천둔검법(天遁劍法)을 전수해 주었다. 해동전도록(海東傳道錄)에는 신라의 최승우, 김가기, 자혜 등이 중국으로 건너가 종리권으로부터 가르침을 받아 도(道)를 이루었다고 한다.

43 신소전교여진선(神霄傳敎呂眞仙) : 여암(呂巖). 자는 동빈(洞賓). 당(唐)나라 덕종(德宗) 때 섬서성에서 798년 4월 14일에 태어났다.
20세에 과거에 낙방하고 얼마 후에 오봉노산(五峯盧山)의 현지사(縣知事)가 되었는데 노산에 갔다가 종리권을 만나 종남산(終南山)에 따라 갔다. 종리권의 열 차례 시험을 무사히 넘기고 천둔검법(天遁劍法)과 용호금단(龍虎金丹)의 비법을 전수받고 순양자(純陽子)라는 호도 받았다. 그 후로 수행에 전념하면서 병든 사람, 가난한 사람을 많이 도왔다. 따라서 요즈음도 중국인의 절대적인 신앙의 대상이 되고 있다. 전진도(全眞道)에서 북오조(北五祖)의 한 분으로 받든다.

옥부유천군(玉府劉天君) 영대천군(寧大天君)

임대천군(任大天君) 뢰문구원수(雷門苟元帥)

뢰문필원수(雷門畢元帥) 영관마원수(靈官馬元帥)

도독조원수(都督趙元帥) 호구왕원수(虎丘王元帥)

호구고원수(虎丘高元帥) 혼원방원수(混元龐元帥)

인성강원수(仁聖康元帥) 태세은원수(太歲殷元帥)

고교당원수(考校党元帥) 풍도맹원수(酆都孟元帥)

익령온원수(翊靈溫元帥) 규찰왕부수(糾察王副帥)

선봉이원수(先鋒李元帥) 맹렬철원수(猛烈鐵元帥)

풍륜주원수(風輪周元帥) 지기양원수(地祇楊元帥)

낭령관원수(朗靈關元帥) 충익장원수(忠翊張元帥)

동신유원수(洞神劉元帥) 활락왕원수(豁落王元帥)

신뢰석원수(神雷石元帥) 감생고원수(監生高元帥)

【주계문(奏啓文)[44]】

하늘 가운데에서 가장 높은 신소옥부(神霄玉府)[45]에 계신 삼보 (三寶)[46]이신 지존(至尊)과 옥추경(玉樞經)에 있는 번뇌가 다한 진령(眞靈)들이시여

엎드려 바라옵건데 이제부터 읽을 글을 부디 증명(證明)하소서.

이제 ○○년 ○○월 ○○일의 좋은 때에 제자(혹은 신〈臣〉) ○○○는(은) 엎드려 비옵니다. 자애로운 삼청존신(三淸尊神)[47]이

---

44 주계문(奏啓文) : 윗 전에 올리는 글.

45 신소옥부(神霄玉府) : 구천(九天)은 제천(諸天) 모두를 합하여 부르는 이름이다. 천(天)에는 팔방(八方)과 상하(上下)를 합하여 시방천(十方天)이 있는데 각 방마다 36천(天)이 있으니 시방천의 수는 총 360천(天)이다. 그러므로 일월(日月)의 도수(度數)가 360도이며 천(天)도 360천(天)이다. 360천(天) 위에 구천(九天)이 있고 구천 위에 천존부(天尊府)가 있으니 이 천존부 중에 보화천존(普化天尊)이 계신다. 이 천존부가 신소옥부(神霄玉府)다.

46 삼보(三寶) : 옥청원시천존(玉淸元始天尊). 상청영보천존(上淸靈寶天尊), 태청도덕천존(太淸道德天尊)을 말함. 단학가(丹學家)에서는 정(精), 기(氣), 신(神)을 삼보(三寶)라 함.

47 삼청존신(三淸尊神) : 주 46과 같음.

시여

천하(天下)를 먼저 생각하고 옥추보경을 독송하오니 때가 고르게 맞아 해마다 풍년이 들고 백성은 편안하고 나라는 부강하게 하소서.

다음으로 원하오니 복(福)을 내려 주시고 목숨을 늘려 주시며 재앙을 소멸하시고 지은 허물을 없이하소서.

아울러 천(天)[48], 용(龍)[49], 귀신과 사생(四生)[50]과 육도(六途)[51]의 모든 중생(衆生)들이 이러한 인연(因緣)으로 드넓은 천지의 은덕(恩德)을 입기를 우러러 원하옵나이다.

三寶至尊 神霄玉府 玉樞經內
삼 보 지 존 신 소 옥 부 옥 추 경 내

---

48 천(天) : 천인(天人), 천신(天神)을 이름. 육도윤회(六途輪回)하는 세계에서 최승(最勝)의 세계의 존재. 불교의 28천(天), 33천(天)이 있고 도교의 36천(天)이 있다.

49 용(龍) : 용신(龍神). 천(天)과 용(龍)은 불법(佛法)의 천룡팔부(天龍八部) 가운데 그 중(衆)이다.

50 사생(四生) : 생명체가 태어나는 4가지 형태.
태생(胎生 : 태로 태어나는 것), 난생(卵生 : 알에서 태어나는 것), 습생(濕生 : 습기에서 태어나는 것), 화생〔化生 : 다른 물건에서 생기는 것이 아니고 스스로 업력(業力)으로 갑자기 화성(化成)하는 것. 즉 천상이나 지옥에 나는 것을 말한다〕.

51 육도(六途) : 중생이 여섯 가지 세계를 끊임없이 윤회(輪回)하는 것. 지옥(地獄), 아귀(餓鬼), 축생(畜生), 아수라(阿修羅), 인(人), 천(天)의 여섯 세계에 윤회하는 것을 말한다.

無軼眞靈 伏望證盟 容伸誦詠
무앙진령 복망증맹 용신송영

以今良辰(○月 ○日) 弟子(○○○) 伏爲
이 금 량 신 (○ 월 ○ 일) 제 자 (○ ○ ○) 복 위

三寶慈儉 不爲天下先
삼 보 자 검 불 위 천 하 선

看誦玉樞寶經 仰祈時和歲豊 民安國泰
간 송 옥 추 보 경 앙 기 시 화 세 풍 민 안 국 태

次願降福延生 禳災謝過 更及天龍鬼神
차 원 강 복 연 생 양 재 사 과 갱 급 천 룡 귀 신

四生六塗 普天率土 受澤霑恩 如上勝因 仰祈
사 생 육 도 보 천 솔 토 수 택 점 은 여 상 승 인 앙 기

【 소황(昭貺)[52] 】

옥청원시천존(玉淸元始天尊)

상청영보천존(上淸靈寶天尊)

태청도덕천존(太淸道德天尊)[53]

삼청삼경천존(三淸三境天尊)[54]

---

52 소황(昭貺) : 명호(名號)를 입으로만 소리 내어 외우지 말고 마음속 깊이 생각하라는 뜻.

53 태청도덕천존(太淸道德天尊) : 신(神)이 된 노자(老子 : B.C. 561~B.C. 467)를 이름. 불교에서 석가모니불을 화신불(化身佛)이라고 하는 것과 같은 맥락이다. 도교는 무(無)가 근원이며 무(無)에서 묘일(妙一), 삼원(三元), 삼재(三才)로 변화, 그로부터 만물이 발생했다. 삼원(三元)의 삼원기(三元氣)로 천보(天寶), 영보(靈寶), 신보(神寶) 등 삼군(三君)이 나타났는데 이 세 명의 신(神)들이 있는 장소를 삼천(三天) 또는 삼청경(三淸境)이라고 부른다.

삼청경이란 천보군이 있는 옥청경(玉淸境), 영보군이 있는 상청경(上淸境), 신보군이 있는 태청경(太淸境)을 말한다. 후에 천보, 영보, 신보군이 원시, 영보, 도덕천존으로 바뀌어졌다.

54 삼청삼경천존(三淸三境天尊) : 주 53의 삼청(三淸)을 한 번 더 강조한 것 같다.

뇌성보화천존(雷聲普化天尊)[55]

구천응원부진령성중(九天應元府眞靈聖衆)[56]

대도불가사의공덕(大道不可思議功德)

---

55 뇌성보화천존(雷聲普化天尊) : 구천응원뇌성보화천존. 구천응원뇌성
보화천존 설옥추보경 주(註) 참조.

56 구천응원부진령성중(九天應元府眞靈聖衆) : 구천응원부에 있는 성스러
운 천신(天神)들.

〖개경현온주(開經玄蘊呪)⁵⁷〗

- 천황신주(天皇神呪) -

천황(天皇)께서 널리 시방(十方)에 화현(化現)하시나니 기도하지 않으면 응감(應感)하지 않고 구(求)하지 않으면 재앙을 물리치지 못하느니라.

음양(陰陽)을 지어 내시니 만고(萬古)에 빛을 드리우시고 순응(順應)하는 자는 형통하지만 거역(拒逆)하는 자는 망하느니라.

옥문(玉文)의 보배로운 글을 읽으면 길창(吉昌)하며 사명신(司命神)이 수호하기를 주저하지 않느니라.

구천보화옥청진왕(九天普化玉清眞王)의 율령(律令)⁵⁸을 만신(萬神)들은 속히 이행하라.

---

57 개경현온주(開經玄蘊呪) : 경(經)을 여는 현묘(玄妙)한 주문. 일명 천황 신주(天皇神呪).

58 율령(律令) : 급급여율령(急急如律令). 도교의 주문 끝에는 '급급여율령' 이 늘 붙는데 불교의 주문 끝에 '사바하(娑婆訶)' 가 붙는 것과 같다. '급급여율령' 은 한(漢), 위(魏)나라 시대에 관청에서 공문서의 마지막 에 쓰던 말이다. 그 의미는 '마치 율령(律令)을 대하듯 나태하지 말고 신속하게 집행하라' 는 뜻이다.

天皇天皇 普化十方 無禱不應
천황천황 보화시방 무도불응

無求不禳 釀陽醞陰 萬古垂光
무구불양 양양온음 만고수광

順吾者亨 逆吾者亡 玉文寶篆
순오자형 역오자망 옥문보전

誦之吉昌 司命守護 不得隱藏
송지길창 사명수호 부득은장

急急如 九天普化玉淸眞王律令
급급여 구천보화옥청진왕율령

【옥음보주(玉音寶呪)】

　상제(上帝)께서 계시는 옥산(玉山)의 도읍은 금(金)으로 된 대궐과 아름다운 뜰이 있는데 북두칠성(北斗七星)[59]을 운행(運行)하고 번개와 우레, 벼락이 드나드느니라.

　자미성(紫微星)[60]이 수호하고 현묘한 하늘이 병풍처럼 시위(侍衛)하고 있는데 이곳의 천신(天神)들은 혜안(慧眼)이 크게 열려 명부(冥府)의 세계를 환히 보느니라.

　신비로이 가을 달이 높게 뜨고, 물이 응결하여 얼음이 되면 기린이 응답하고 난새와 봉황이 아름답게 우느니라.

---

59 북두칠성(北斗七星) : 탐랑(貪狼), 거문(巨門), 녹존(祿存), 문곡(文曲), 염정(廉貞), 무곡(武曲), 파군성(破軍星)의 일곱 개의 별.
　도교에서는 대성북두칠원성군(大聖北斗七元星君)으로 모신다. 지구를 포함한 모든 별들에 영향을 끼치며 사람의 생사와 길흉화복을 주관한다고 한다. 전진도 개조(開祖)인 왕중양의 일곱 제자 중의 한 명인 담장진(譚長眞)이 북두경(北斗經)을 독송하여 병이 나았다고 전해진다. 옛날 고인돌 덮개, 고구려 고분 천장 등에도 북두칠성이 많이 나타나 있다.

60 자미성(紫微星) : 북극성(北極星)인지 북극오성(北極五星) 중의 자미성을 얘기하는지 확실치 않다. 북극성을 대성북극자미제군(大聖北極紫微帝君)이라 한다. 또 진지천문지(晋志天文志)에 "북극오성 중의 하나를 자미(紫微)라 하며 대제좌(大帝座)로써 천자(天子)가 상주(常住)하는 곳이다."라는 기록이 있다.

옥부(玉府)의 권세로 하늘을 맡아 형(刑)을 내리느니 도(道)를 훼방하는 자는 죽이고 이 가르침을 따르는 자는 살리느니라.

충신과 효자는 녹(祿)과 명(命)을 더하게 하고 간교한 사귀(邪鬼)와 악귀(惡鬼)는 그 형체를 베느니라.

모든 어려움을 감당하고 장수와 병졸을 다스리니 구양(九陽)[61]인 구요(九曜)[62]가 비추고 삼계(三界)가 분명하느니라.

이렇듯 경사스러운 일들을 삼가 노래로 읊으니 천하가 태평하여 지이다.

玉山上京 金闕妙庭 管鑰星斗 出納雷霆
옥 산 상 경　금 궐 묘 정　관 약 성 두　출 납 뇌 정

紫微守戶 玄天侍屛 大開慧眼 照徹幽冥
자 미 수 호　현 천 시 병　대 개 혜 안　조 철 유 명

神飛秋月 水結寒氷 麒麟應化 鸞鳳和鳴
신 비 추 월　수 결 한 빙　기 린 응 화　란 봉 화 명

掌玉之樞 司天之刑 謗道者死 扶敎者生
장 옥 지 추　사 천 지 형　방 도 자 사　부 교 자 생

忠臣孝子 加以祿命 奸邪惡鬼 特以剪形
충 신 효 자　가 이 록 명　간 사 악 귀　특 이 전 형

主持厄難 經綸將兵 九陽九曜 三界分明
주 지 액 난　경 륜 장 병　구 양 구 요　삼 계 분 명

誦詠拜祝 天下泰平
송 영 배 축　천 하 태 평

---

61 구양(九陽) : 구(九)는 양수(陽數)의 극한(極限)이므로 하늘을 뜻하는 건수(乾數)다. 그러므로 구양(九陽)이다.

62 구요(九曜) : 북두칠성과 좌보(左補), 우필(右弼)을 합해 구요(九曜)라고 한다. 보성(補星)과 필성(弼星)은 면재횡장 제13(免災橫章 第13)의 주(註) 참조.

천경(天經)

九天應元雷聲普化天尊説玉樞寶經
구 천 응 원 뇌 성 보 화 천 존 설 옥 추 보 경

해경백진인[63] 주해(海瓊白眞人 註解)

조천사장진군[64] 의저(祖天師張眞君 義著)

오뢰사자장천군[65] 석훈(五雷使者張天君 釋訓)

순양부우제군[66] 찬송(純陽孚佑帝君 讚頌)

추정 최병두[67] 강의(秋汀 崔秉斗 講意)

〖 주왈(註曰) 〗

구(九)는 양수(陽數)며 천도(天道)를 뜻하며 진궁(震宮)[68]이므로 동남방(東南方)이며 구기(九氣)의 설(說)이 있음이라. 즉 뇌사(雷師)

---

63 해경백진인(海瓊白眞人) : 백옥섬(白玉蟾). 주 **37** 참조

64 조천사장진군(祖天師張眞君) : 오두미도(五斗米道)의 시조인 장릉(張陵)의 후손이면서 정일교(正一敎)의 천사(天師)라는 것 밖에는 다른 자료가 없다. 정일교는 오두미도의 후신(後身)임.

65 오뢰사자장천군(五雷使者張天君) : 정일교(正一敎)의 도사.

66 순양부우제군(純陽孚佑帝君) : 여동빈(呂洞賓). 주 **43** 참조

67 추정 최병두(秋汀 崔秉斗) : 일제 때의 사람으로 불교에 조예가 깊다는 것 외에는 알 수가 없다.

가 출입하는 곳이라.

천(天)은 지대(至大)하고 지성(至聖)하며 무극(無極)[69]이며 무위(無爲)의 기(氣)라.

응(應)은 천명(天命)을 받고 생(生)하지 않은 물(物)이 없음이라.

원(元)은 지대(至大)하며 만선(萬善)의 장구(長久)함이며 사시(四時)[70]의 시초(始初)며 오행(五行)보다 앞섬이라.

뢰(雷)는 천명(天命)이며 생생살살(生生殺殺)의 권한이 있으며

---

68 후천팔괘도 방위(後天八卦圖 方位)

69 무극(無極) : 태극(太極)이 아직 나타나기 이전인 한 점의 텅 비고 신령스러운 기운으로 이른바 보아도 보이지 않고, 들어도 들리지 않는다. (《옥전(玉詮) 권5》), (《도장집요(道藏輯要)》).
70 사시(四時) : 춘하추동의 사계절.

동정(動靜)을 사람이 가히 헤아리지 못하며 만신(萬神)이 봉행(奉行)함이라.

성(聲)은 생(生)이며 만물(萬物)은 뇌진(雷震)의 소리로 생겨나고 천(天)은 말이 없지만 우레로 말씀함이라.

보(普)는 상천(上天)과 하지(下地)와 사유(四維)[71]와 팔황(八荒)[72]과 무형(無形)과 유형(有形)에 존재하지 않음이 없음이라.

화(化)는 천도(天道)가 음양운행(陰陽運行)을 하면 변화가 생기고, 스스로 없으면 있게 되고 스스로 있으면 없게 되어 변화가 생기며, 만물(萬物)이 생겨나고 없어지는 것이 변화이니라.

노자(老子)께서 말씀하시기를
"내가 무위(無爲)[73]에 처하면 백성이 스스로 교화(敎化)되는 것이 곧 덕화(德化)라" 하셨니라.

천존(天尊)은 지대(至大)하고 지귀(至貴)함을 일컬음이라.

---

71 사유(四維) : 사우(四隅). 네 군데의 모퉁이. 네 모퉁이의 방위. 동남, 서남, 동북, 서북의 네방위를 말함.

72 팔황(八荒) : 팔방(八方) 밖의 극히 먼 곳. 팔방의 멀고 너른 범위. 온 세상을 말함.

73 무위(無爲) : 인위적이고 작위(作爲)적이지 않은 자연(自然) 그대로인 것.

설(說)은 뜻을 드러냄이며 가르침을 밝힘이며 숨은 오의(奧義)를 해석함이라.

옥(玉)은 천지일월(天地日月)의 정화(精華)며 음양수화(陰陽水火)의 결수(結秀)라.
윤택하여 부드럽고, 보배로와 귀하여 만물(萬物)의 바탕이 되며 결코 썩어 없어지지 않음이라.

추(樞)는 기틀(機)이고 축(軸)이며 생살(生殺)의 처음 비롯된 바라.

보(寶)는 지극히 보배로움이요.

경(經)은 지름길(徑)이며 참된 대도(大道)를 닦는 요로(要路)라.

[의왈(義曰)]

이 경에서 옥추(玉樞)라는 명칭은 천지(天地)의 소식(消息)이며 음양(陰陽)의 동정(動靜)을 이름이라.
구수(九數)는 건원(乾元)[74]이 구(九)를 용(用)함을 이르는 것이며 보화천존(普化天尊)께서 그 위에 계시니 삼계(三界)의 지존(至尊)이

---

74 건원(乾元) : 건(乾)은 천(天), 원(元)은 도(道)로 천도(天道), 천리(天理)라는 뜻이다. 주자(朱子)께서는 "천덕지대시(天德之大始)"라 했다.

며 시방(十方)의 영명(靈明)이시라.

〖석왈(釋曰)〗

천존(天尊)께서 광대한 원(願)을 세워서 모든 군생(群生)을 제도하시니 그 덕(德)을 헤아릴 수 없고 그 조화를 측량하기 어려우니 뇌성(雷聲)으로 짐짓 교화(敎化)하시니라.

옥추(玉樞)를 법도(法度) 삼아 선선(善善)과 악악(惡惡)을, 살살(殺殺)과 생생(生生)을 결정하느니라.

모든 만물이 구기진왕(九氣眞王)의 명(命)을 따르므로 삼계만령(三界萬靈)과 시방제천(十方諸天)이 우리 천존님의 원화(元化)[75]를 모두 기리느니라.

〖찬왈(讚曰)〗

조기(祖氣)[76]가 태허(太虛)[77]에 가득 차니 구천(九天)의 원기(元氣)가 구천에 머무는구나.

천둥을 날리고 비를 뿌리는 것이 금빛 글씨가 하늘을 나는 것 같은데 활물(活物)과 생인(生人)이 옥추(玉樞)에 갖추어져 있구나.

삼계(三界)의 유정(有情)들이 모두 도(道)를 얻기 바라느니 시방

---

75 원화(元化) : 위대한 교화(敎化), 제도(濟度).

76 조기(祖氣) : 무극(無極)의 한 점 텅비고 신령스러운 기운.

77 태허(太虛) : 텅 비어서 지극히 고요하고 아무것도 없는 경계(境界).

(十方)에 통하지 않는 길이 없도다.

　참으로 크도다. 널리 만물을 교화함이 원시(元始)의 일을 밝히
느니 일월(日月)의 밝음이 거짓 없음을 믿노라.

제1장
뇌자장(雷字章)

이시구천(爾時九天)

〖 **주왈(註曰)** 〗

구천(九天)은 사방(四方)과 사유(四維)와 중앙(中央)이니 36천(天)의 모든 일을 다 맡아 다스리느니라.

동남간(東南間)이므로 구기(九氣)가 생(生)해 바로 뇌문(雷門)으로 나오는 까닭에 36뢰(雷)에게 영을 내리고 여러 사(司), 부(府), 원(院)의 일에 결재를 하느니라.

그러므로 선함은 살리고 악함은 죽이되 사사로운 인정(人情)에 끌리지 않느니라.

대체로 이와 같기 때문에 구천이란 이름은 밝고도 굳세므로 다함이 없느니라.

〖 **의왈(義曰)** 〗

구천(九天)이 비록 건수(乾數)라 양강(陽剛)하여 불유(不柔)하지만 구기(九氣)가 생(生)하는 곳이라.

이러한 때에 빼어난 영기(靈氣)가 모여 맺혀서 우리 옥청진왕

(玉淸眞王)께서 화형(化形)하는 것이라.

〖 석왈(釋曰) 〗

이러한 때에 구기(九氣)가 모습을 이루고 맺혀서 구천(九天)이 되니 구천(九天)은 36천(三十六天) 위에 있어 시방삼계(十方三界)의 조기(祖氣)가 됨이라.

이러한 까닭에 구(九)를 용(用)하는 것이며, 그 기(氣)가 삼청지체(三淸之體)의 근원이 되는 것이며 구천(九天)이란 이름으로 쓰이는 것이라. 마땅히 그러하고 그러하도다.

〖 찬왈(讚曰) 〗

구천이여 구천이여 현묘하고도 현묘하도다.

홀연히 내 뒤에 나타났다가는 문득 내 앞에 있구나.

〖 강왈(講曰) 〗

이시(爾時)란 천존께서 여러 신선(神仙)의 큰 무리와 계시면서 경(經)을 설(說)하는 때를 말함이요.

수(數)의 시작은 1이고 끝은 9이며 1의 전도 이름이 없고 9의 다음에도 숫자가 없음이라.

구천(九天)은 제천(諸天) 모두를 합하여 부르는 이름이라.

천(天)에는 팔방(八方)과 상하(上下)를 합하여 시방천(十方天)이 있는데 각 방(方)마다 36천(三十六天)이 있으니 시방천(十方天)의 수는 총 360천(天)이라.

그러므로 일월(日月)의 도수(度數)가 360도며 천(天)도 360천(天)이라.

무릇 사람은 하늘(天)의 영명(靈明)한 기(氣)를 받고 태어나므로 360골절(骨節)이 있는 것이라.

각 한 천상(天上)에 무수억의 신선(神仙)이 있고 각기 사(司)의 부서에 소속되어 있음이라.

구천(九天)이란 명칭은 시방제천(十方諸天)을 통털어 이름이라.

응원(應元)

〖주왈(註曰)〗

오직 원시천존(元始天尊)을 우러러 뵈옵나니 아득한 옛날에 일기(一氣)가 나뉘어져 옥청진왕(玉淸眞王)이 되셨으니 진왕께서는 원기(元氣)에 응현(應現)한 몸이시니라.

〖의왈(義曰)〗

천지이기(天地二氣)와 음양오행(陰陽五行)이 위로 퍼지고 아래로 흘러 천명(天命)을 받들지 아니하는 물(物)이 없으며 음양지기(陰陽之氣)를 받지 아니한 물(物)이 없음이라.

이러므로 생(生)하게 되는 까닭에 왈(曰) 응원(應元)이라 하니 어찌 의심이 있으랴.

[석왈(釋曰)]

천양지음(天陽地陰)의 이치는 정히 그러하느니라.

우리 천존(天尊)께서 양(陽)에서 생(生)해 하늘에 거(居)하시니 굳세고(健) 굳세니라(剛).

이러한 까닭에 만물(萬物)이 땅에서 생겨나오니 천존(天尊)의 명(命)을 모두 듣지 않음이 없는 것이고 천존께서 각 물물(物物)로 하여금 마땅한 바를 얻게 하느니라.

세상 사람들은 그렇게 되는 까닭과 본원(本元)을 모르지만 모든 만물이 천존의 여기(餘氣)로 생겨나오니라.

천존께서는 사람 사람이 전부 천존임을 알게 하고자 하는데 사람이 곧 천존인 까닭은 사람이 받은 기(氣)가 본원(本元)의 묘도(妙道)에 응(應)했기 때문이니라.

[찬왈(讚曰)]

일기(一氣)가 비록 음(陰)과 양(陽)으로 나누어지나 옥청(玉淸)의 높은 곳에는 화(化)한 진왕(眞王)이 계시니 상천(上天)과 하지(下地)가 능히 서로 합하매 가르침을 열어 시방(十方)에 두루 몸을 나투시니라.

만물의 조종(祖宗)은 사람이요, 사람의 조종(祖宗)은 신(神)이며 신(神)의 조종(祖宗)은 영(靈)이요, 영(靈)의 조종(祖宗)은 천(天)이라.

하늘은 뭇 양(陽)의 우두머리요, 만 가지 이치가 이로 비롯하여 행함이라.

능히 살리고 능히 죽이며, 능히 이루고 능히 괴멸시킴이라.

하늘이 근원이 되어 모든 만물이 시발(始發)하며 음양오행(陰陽五行)의 원리(元理)에서 모든 만물이 나타나는 것이라.

비유컨대 사람의 사지백해(四肢百骸)가 니환(泥丸)[78]의 명(命)을 들어 이목구비(耳目口鼻)의 여러 동작이 생겨남과 같느니라.

뢰(雷)

〖 주왈(註曰) 〗

음양이기(陰陽二氣)가 뭉쳐 뢰(雷)가 되고 뇌정(雷霆)이 있어 각 부(部)로 나누어지느니라.

구천뢰조(九天雷祖)께서 이를 다섯으로 나누어 신소(神霄)에 배속시키고 이로써 삼계(三界)를 다스리느니라.

동남방(東南方)은 태양(太陽)의 기(氣)가 있는 곳이니, 그 기(氣)가 뭉쳐 깨끗하고 밝은 광명을 이루는데 원시(元始)의 부조(父祖)

---

78 니환(泥丸) : 상단전(上丹田)을 가리킨다. 니환은 뇌(腦)의 상(象)이다.

께서 신소옥청진왕옥부에 화현(化現)하시어 벽소범기(碧霄梵氣)의 가운데에 계시니라.

뇌성(雷城)의 둘레가 2,300리이고 높이가 81장(丈)이며 좌측으로 옥추오뢰사원(玉樞五雷使院)이 있고 우측으로는 옥부오뢰사원(玉府五雷使院)이 있느니라.

하늘에 사방(四方)과 사우(四隅)가 있는데 나뉘어져 구소(九霄)가 되고 이 일소(一霄)가 범기(梵氣) 가운데 거(居)하는데 우리 마음속에도 있어 왈(曰) 신(神)이요.

그러므로 왈(曰) 신소(神霄)라 하며 진왕(眞王)께서 다스리는 곳이라.

천존께서 다스리는 도(都)에는 군(君)과 사(師)와 사상(使相)으로 직책이 벌여져 있고 하늘의 재복(災福)을 나누어 다스리며 권세를 상징하는 물(物)을 지니고 만물과 사람을 맡아 다스려 생(生)하기도 하고 살(殺)하기도 하며, 잡아 가두기도 하고 풀어주기도 하느니라.

위로는 천황(天皇)에서 아래로는 지제(地帝)까지 뇌정(雷霆)이 아니고는 그 영을 행사하지 못하는 것이니 큰일은 생사(生死)요, 작은 일은 고영(枯榮)이라.

뇌정(雷霆)이 아니고는 그 정사(政事)를 맡아 다스리지 못하며 뇌정에서 뇌정에 속한 산하 부서에 영(令)을 내리느니라.

삼청(三淸)의 상성(上聖)께서 뇌정의 조(祖)이시라.

십극지존(十極至尊)이시며 뇌정의 원본(元本)이시라.

호천(昊天)의 옥황상제(玉皇上帝)께서 뇌정을 호령(號令)하시니 토황(土皇)과 지기(地祇)가 따르고 뇌정을 절제(節制)하니라.

북극(北極)의 자미대제(紫微大帝)께서 오뢰(五雷)를 거느리시는데 오뢰(五雷)는 천뢰(天雷), 지뢰(地雷), 수뢰(水雷), 용뢰(龍雷), 사령뢰(社令雷)니라.

또 십뢰(十雷)가 있으니

일왈(一曰) 옥추뢰(玉樞雷)　이왈(二曰) 신소뢰(神霄雷)

삼왈(三曰) 대동뢰(大洞雷)　사왈(四曰) 선도뢰(仙都雷)

오왈(五曰) 북극뢰(北極雷)　육왈(六曰) 태을뢰(太乙雷)

칠왈(七曰) 자부뢰(紫府雷)　팔왈(八曰) 옥신뢰(玉晨雷)

구왈(九曰) 태소뢰(太霄雷)　십왈(十曰) 태극뢰(太極雷)니라

또한 36뢰(雷)가 있으니

일왈(一曰) 옥추뢰(玉樞雷)　이왈(二曰) 옥부뢰(玉府雷)

삼왈(三曰) 옥주뢰(玉柱雷)　사왈(四曰) 상청대동뢰(上淸大洞雷)

오왈(五曰) 화륜뢰(火輪雷)　육왈(六曰) 관두뢰(灌斗雷)

칠왈(七曰) 풍화뢰(風火雷)　팔왈(八曰) 비첩뢰(飛捷雷)

구왈(九曰) 북극뢰(北極雷)　십왈(十曰) 자미선추뢰(紫微璿樞雷)

십일왈(十一曰) 신소뢰(神霄雷)　십이왈(十二曰) 선도뢰(仙都雷)

십삼왈(十三曰) 태을굉천뢰(太乙轟天雷)

십사왈(十四曰) 자부뢰(紫府雷)　십오왈(十五曰) 철갑뢰(鐵甲雷)

십육왈(十六日) 소양뢰(邵陽雷) 십칠왈(十七日) 훌화뢰(欻火雷)

십팔왈(十八日) 사령만뢰(社令蠻雷)

십구왈(十九日) 지기아뢰(地祇鴉雷)

이십왈(二十日) 삼계뢰(三界雷)

이십일왈(二十一日) 참광뢰(斬壙雷)

이십이왈(二十二日) 대위뢰(大威雷)

이십삼왈(二十三日) 육파뢰(六波雷)

이십사왈(二十四日) 청초뢰(靑草雷)

이십오왈(二十五日) 팔괘뢰(八卦雷)

이십육왈(二十六日) 혼원응견뢰(混元鷹犬雷)

이십칠왈(二十七日) 소명봉뢰(嘯命鳳雷)

이십팔왈(二十八日) 화운뢰(火雲雷)

이십구왈(二十九日) 우보대통섭뢰(禹步大統攝雷)

삼십왈(三十日) 태극뢰(太極雷)

삼십일왈(三十一日) 검화뢰(劒火雷)

삼십이왈(三十二日) 내감뢰(內鑑雷)

삼십삼왈(三十三日) 외감뢰(外鑑雷)

삼십사왈(三十四日) 신부천추뢰(神府天樞雷)

삼십오왈(三十五日) 대범두추뢰(大梵斗樞雷)

삼십육왈(三十六日) 옥신뢰(玉晨雷)이니 36신(神)이 있어 옛적부
터 태상지전(太上之前)에 시립(侍立)하여 있음이라.

뇌법(雷法)에는 72계위(階位)가 있으니 천지(天地)에서 선하매

상을 주고 악하면 벌을 주며, 만물을 발생(發生)시키는 것도 모두 뢰(雷)니라.

뢰(雷)가 진실로 뢰(雷)이니 참으로 광대하도다.

삼계시방(三界十方)을 천성(天聖)과 지진(地眞)이 각기 맡아 다스리는데 오직 구천옥청진왕(九天玉淸眞王)께서 총괄하여 다스리며 영(令)을 내리느니라.

뢰(雷)는 모든 것을 포함하니 삼라만상(森羅萬象)이 뢰(雷)에서 나오느니라.

어느 사람도 뢰(雷)의 작용과 음양이기(陰陽二氣)의 소용돌이치는 현상과, 악귀를 베고 사귀를 주살(誅殺)하며 바람과 비를 부리는 연유를 알기 어려우니라. 어찌하여 그런가.

무지한 범속(凡俗)한 사람들은 원시천존(元始天尊)의 생살(生殺)하는 기틀과 옥청진왕(玉淸眞王)의 묘용(妙用)을 알 수 없기 때문이니라.

이기(二氣)가 바르게 서니 오행(五行)이 영(令)을 내리고, 귀신을 참(斬)하고 사귀(邪鬼)를 주살(誅殺)하니 하늘과 사람이 서로 응(應)하나니라.

〖 강왈(講曰) 〗

뢰(雷)는 동(動)이고 시(始)며 초(初)고 발(發)이니라.

천지(天地)는 뢰(雷)에서 비롯되어 나누어지고 음양(陰陽)은 뢰(雷)로 인하여 승강(昇降)하며, 만물(萬物)은 뢰(雷)로 말미암아 발생(發生)하고 사시(四時)는 뢰(雷)로 인하여 왕래(往來)하며, 곤충과 초목(草木)도 뢰(雷)로 인하여 생사(生死)가 있게 되느니라.

그러므로 뢰(雷)는 만물을 능히 살리기도 하고 죽이기도 하며 만물을 능히 일으키기도 하고 그치게도 하느니라.

사람에게 뢰동(雷動)이 없으면 사지(四肢)가 부동(不動)하고 청탁(淸濁)을 가리지 못하며, 시비(是非)도 분별하지 못하느니라.

육신(肉身)의 뢰(雷)가 사람으로 하여금 동작(動作)케 하고 성쇠(盛衰)와 흥패(興敗)의 수(數)를 이루느니라.

제천(諸天)의 뢰(雷)는 만류(萬類)를 총괄하여 행권(行權)하니 심지어 초목, 돌, 흙 등의 류(類)까지도 뢰(雷)로 말미암아 생사(生死)와 합산(合散)을 하느니라.

성(聲)

〖 **주왈**(註曰) 〗

성(聲)이란 천지(天地)의 인성(仁聲)이라.

춘분(春分) 5일째가 되면 뢰(雷)가 발성(發聲)하여[79] 백리 바깥에서도 들을 수 있으니 구천(九天)을 울리고 구지(九地)를 흔들며 사해(四海)를 놀라게 하느니라.

태상왈(太上曰)

「나는 음양(陰陽)의 성(聲)을 발(發)하지 못하니 나의 대음(大音)으로도 부르지 못하여 뇌정(雷霆)으로 북을 울려 그 소리로써 기(氣)를 부르느니라.」 하였니라.

뇌제지전(雷帝之前)에 36면(面)의 뇌고(雷鼓)가 있는데 뢰(雷)를 울려야 할 때에 뇌제(雷帝)께서 친히 본부(本部)의 뇌고를 아래로 한 번 치면 즉시 뇌공(雷公)과 뇌신(雷神)이 뇌성(雷聲)을 크게 일으키느니라.

---

79 뇌출지분(雷出地奮) : 즉 천둥이 땅에서 나와 떨치는 것을 말한다. 주역(周易) 뇌지예괘(雷地豫卦) 상사(象辭)에 "천둥이 땅에서 나와 떨치는 것이 예괘(豫卦)다."라고 했다. 천둥이 겨울에 땅속에 감추어져 있다가 봄에 나오는데 뢰(雷)가 위에 있으므로 뇌출(雷出)이고 천둥이 봄에 떨치어 땅 위의 만물이 생기발랄하므로 지분(地奮)이라 하였다.

성(聲)은 기(氣)를 용(用)하고 기(氣)는 성(聲)의 영(令)을 받느니라. 진(震)은 경칩(驚蟄)에서 일어나므로 뢰(雷)의 영(令)이 아니면 어찌 만물이 생(生)할 수 있겠는가.

〖 석왈(釋曰) 〗

성(聲)은 영(令)이며 청(聽)이라.
천(天)이 무성(無聲)이면 뇌정(雷霆)이 불행(不行)하고
지(地)가 무성(無聲)이면 초목(草木)이 불맹(不萌)하며
인(人)이 무성(無聲)이면 청탁(清濁)이 불명(不明)하니라.
이러한 까닭에 성(聲)은 일신(一身)의 근본이며 음양(陰陽)의 원기(元氣)니라.

〖 찬왈(讚曰) 〗

뢰제(雷帝)께서 덕(德)을 널리 베풀어 군생(群生)을 일으키니 삼계(三界)의 영령(英靈)들이 어렴풋이 듣더라.
노천(老天)이라 하여 한 마디도 없다는 말을 하지마라.
뇌명(雷鳴)으로 호령하는 것을 마땅히 알지어다.

성(聲)은 뢰(雷)의 용(用)이요, 뢰(雷)는 성(聲)의 체(體)니라.

천(天)은 풍(風)으로 성(聲)을 대신하여 제물(制物)하고

인(人)은 기(氣)로 풍(風)을 대신하여 성물(成物)하느니라.

인(人)은 성(聲)으로써 지혜를 발(發)하여 탁우(濁愚)를 깨뜨리고, 천(天)은 성(聲)으로써 음양을 나누어 오행을 순조롭게 하니 무궁조화가 옥(玉)으로 인하여 나타나고 성(聲)으로 말미암아 숨느니라.

보화천존(普化天尊)

〖 주왈(註曰) 〗

천지(天地)가 분리되기 전 혼돈(混沌)한 때에 원시천존(元始天尊)께서 아홉째 아들인 옥청진왕(玉淸眞王)을 두셨는데 그 분이 뇌성보화천존(雷聲普化天尊)으로 화생(化生)하셨느니라.

천존께서 오랜 겁(劫)[80]을 지내면서 때에 따라 이름을 보이시니 본원시조(本元始祖)시니라.

아득한 옛날에 일기(一氣)가 나뉘어 옥청진왕이 되시니 구소(九霄)[81]

---

80 겁(劫) : 헤아릴 수 없는 아득한 시간의 단위를 말한다.

81 구소(九霄) : 아홉 하늘. 구천(九天). 구소 각각에 대제(大帝)가 있어 각 하늘을 주재한다. (《운급칠첨(雲笈七籤)》)

를 주재하시고 한 달에 네 번 일만천상(一萬天上)을 살피고 삼계(三界)와 구주만국(九州萬國)⁸²에 부유(浮遊)하시면서 선함에는 상을 내리고 허물은 기록하시니 이러하므로 널리 교화하심이 지대(至大)하고 지귀(至貴)하니라.

〖 의왈(義曰) 〗

하늘이 나고 내가 하늘이니 광대한 발원(發願)으로 모습을 시방(十方)에 나투기를 원하느니라.

모든 중생(衆生)들이 도(道)에 귀의(歸依)하면 「내 마땅히 몸을 나투어 현현(顯現)할 것이라」는 말씀은 천존님의 너른 교화(敎化)가 아니면 어찌 가능한 일이겠는가.

〖 석왈(釋曰) 〗

하늘이 사사로움이 없으니 일월(日月)이 밝은 빛을 드리우고 하늘이 덕(德)이 있으니 사람과 만물이 살아가는 것이니라.

그러므로 우리 천존께서 하늘을 대신하여 도(道)와 덕(德)을 행하시어 삼계(三界)에 베푸시니 청자(淸者)는 성인(聖人)이 되게 하고 탁자(濁者)는 청(淸)하게 하시느니라.

무릇 몸이 있고 모습이 있다면 신선(神仙)의 길을 밟아 다함께 일기(一氣)를 이루기 바라노라.

---

82 구주(九州) : 아홉 개의 주(州)라는 말이지만 이 세상을 얘기한다.

호생지덕(好生之德)을 능히 측량하기 어려웁나니

제천(諸天)과 시방(十方)에 가르침을 펴시니라.

고처(高處)에 옥청(玉淸)께서 뇌부(雷府)를 다스리시니

만신(萬神)이 진왕(眞王)께 조복(朝服)하고 예(禮)를 올리느니라.

〖 **강왈**(講曰) 〗

보화(普化)란 천존께서 법도에 준하여 한 번 영(令)을 내리매 시방(十方)의 제천(諸天)이 불란(不亂)하고 부잡(不雜)함을 뜻하니라.

천존(天尊)이란 구천(九天)을 총괄하며 발호시령(發號施令)하는 존령(尊靈)을 뜻함이라.

삼백육십천(三百六十天) 위에 구천(九天)이 있고 구천 위에 천존부(天尊府)가 있으니 이 천존부 중에 보화천존(普化天尊)이 계시느니라.

제천지왕(諸天之王)이시며 조화지조(造化之祖)이시니 만령(萬靈)과 만신(萬神)이 천존의 명(命)을 받들어 제천(諸天)과 제지(諸地)에 행화(行化)하니 위로는 군선(群仙)에 이르고 아래로는 꿈틀거리는 것에까지 미치니 천존이 아니면 화민(化民)할 수 없느니라.

천제(天帝)와 천군(天君)의 대중들이 천존부(天尊府)에 정기적으로 모이는데 천존께서 중(重)하고 현현(玄玄)한 도(道)를 말씀하시는 것을 듣고 각기 명(命)을 받들어 돌아가느니라.

13,500년에 한번 모이고 13,500년이 또 되어 천존부인 옥허구
광지전(玉虛九光之殿)에 다시 모이니 이는 사람에게 있어서
13,500번의 숨을 쉬고 나서 원기(元氣)가 다시 니환(泥丸)에 모이
는 것이니 자시(子時)에 시작하여 해시(亥時)에서 끝나기를 한번
순화한 즉 주야(晝夜)가 한번 바뀌는 것과 같느니라.

천상(天上)에서는 범위가 크고 사람에게는 범위가 작은 것일
뿐 털끝만한 차이도 없느니라.

제2장
재옥청천중장(在玉淸天中章)

천존(天尊)께서 시방(十方)의 제천제군(諸天帝君)들과 옥청천(玉淸天)에 계시다가 옥허구광지전(玉虛九光之殿)과 울소미라지관(鬱蕭彌羅之館)과 자극곡밀지방(紫極曲密之房)에 모두 모이느니라.

천존(天尊)께서 태유벽요(太幽碧瑤)의 책을 열람하시고 동미명신(洞微明晨)의 글을 살펴보시니 천군(天君)들은 머리를 맞대고 귀를 가까이하여 현현(玄玄)한 도(道)를 서로 담론(談論)하고 수많은 신하들은 좌우로 공손히 시립하고 있더라.

천존(天尊)이 편안히 앉아서 현묘(玄妙)한 글을 밝게 외우시니 제천제군(諸天帝君)들이 길게 읊으며 허공을 거닐고 비단옷을 입은 아름다운 선녀(仙女)들이 꽃을 뿌려 사방에 둘러놓고 서로 옷깃을 끌어 비취궁(翡翠宮)에 올라 유희하는데 많은 신선(神仙)들이 앞을 인도함에 절

(節)을 앞세우고 월(鉞)을 뒤에 하여 용(龍)의 깃발을 단 난새(鸞) 수레로 허공을 표표히 날다가 나란히 옥범칠보 층대(玉梵七寶層臺)에 모이니

在玉淸天中 與十方諸天帝君 會於玉虛九光 之殿 鬱
재옥청천중 여시방제천제군 회어옥허구광 지전 울

蕭彌羅之館 紫極曲密之房 閱太幽碧瑤之笈 考洞微
소미라지관 자극곡밀지방 열태유벽요지급 고동미

明晨之書 交頭接耳 細議重玄 諸多陪臣 左右踧踖
명신지서 교두접이 세의중현 제다배신 좌우축적

天尊宴坐 朗誦洞章 諸天帝君 長吟步虛 綵女仙姝
천존연좌 랑송동장 제천제군 장음보허 채녀선주

散花旋繞 復相引領 遊戲翠宮 群仙導前 先節後鉞
산화선요 부상인령 유희취궁 군선도전 선절후월

龍旗鸞輅 飄飋太空 倂集于玉梵七寶層臺
용기란로 표요태공 병집우옥범칠보층대

〖**주왈**(註曰)〗

'재(在)'란 그 때(時)를 이름이니 천존(天尊)께서 시방(十方)의 제천제군(諸天帝君)들과 옥청천(玉淸天)을 소요(逍遙)하시다가 옥허전관(玉虛殿館)과 자극지방(紫極之房)에 모이는 때를 말함이라.

천존께서 태유벽요(太幽碧瑤)의 책을 검토하시고 동미명신(洞微明晨)의 글을 깊이 살펴보시니라.

'교두접이(交頭接耳)'란 천군(天君)들이 모두 줄을 지어 앉아 성(聖)스러운 말씀을 서로 전하고 현현(玄玄)한 말씀을 다 같이 듣는

것을 말함이니라.

제천제군(諸天帝君)들께도 각기 수많은 가신(家臣)들이 있어 좌우로 늘어서 제천제군을 공경히 모시고 있느니라.

천존(天尊)께서 높은 자리에 편안히 앉으셔서 현묘한 글을 밝게 외우시니 제천제군(諸天帝君)들이 깊이 깨달은 바가 있어 각기 자리에서 일어나 길게 읊으며 허공을 거닐며 천존의 가르침을 찬탄하니라.

비단 옷을 입은 아름다운 선녀(仙女)들이 천존의 자리에 꽃을 뿌리고 다시 천존께 청하여 취궁(翠宮)의 칠보층대(七寶層臺)에 올라 천존께서 묘법(妙法)을 크게 펴시기를 바라느니라.

층대는 용봉(龍鳳)의 자리를 말하는데 용봉의 자리도 칠급(七級)이 있고 모두 진보(珍寶)로 장엄되어 있어 칠보층대(七寶層臺)라 하느니라.

천존께서 백학(白鶴)이 끄는 수레를 절(節)과 장(仗)으로 위의(威儀)를 보이며 인도하게 하는데 그 앞에는 청룡(靑龍)과 백호(白虎), 육갑(六甲)과 육정(六丁)이 시위하며 구천선녀(九天仙女) 12인이 선악(仙樂)을 연주하느니라.

제천대제신군(諸天大帝神君), 신왕(神王)과 태극진인(太極眞人)이 다음으로 용이 끄는 수레와 봉황이 끄는 수레를 좇아 취궁(翠宮)에 올라 유희하느니라.

신선의 장절(仗節)과 월(鉞)로 위의를 갖추고 용의 깃발을 단 난새가 끄는 수레로 허공을 표표히 날다가 보대(寶臺)에 모이느니라.

천존(天尊)께서 옥청(玉淸)을 소요하다가 보대(寶臺)에 머무르실 때에 현문(玄文)을 크게 밝혀 중요한 말씀을 널리 하시니 천인(天人)들이 좌우로 시립하고 있다가 개심(開心)하느니라.

천존의 교화(敎化)를 입어 공행(功行)을 하고 필경에는 주인이 되느니라.

이때에 천존(天尊)께서 궁궐 중에서도 구광지전(九光之殿)에 계시면서 관(館), 각(閣), 방(房) 등에서 법(法)을 보시며 글을 살피시고 시방(十方)의 천진(天眞)들과 제군(帝君)들을 밝게 교화하시느니라.

천진(天眞)과 제군(帝君)들이 천존의 덕화(德化)를 진정으로 입었지만 대도(大道)의 법열(法悅)이 춤추는 것임을 알지 못하느니라.

천존께서 크게 기뻐하시며 외궁(外宮)에서 노니시고자 하니 제천(諸天)과 신선(神仙)들이 좌우, 전후로 장(仗)과 월(鉞)과 기(旗)를 들고 인도하느니라.

우리 천존께서 취궁(翠宮)에서 난새가 끄는 수레를 타시는데 취궁은 옥청(玉淸)의 행궁(行宮)이니라.

뇌사(雷師)께서 다행히 이러한 인연(因緣)을 만나게 된 까닭을 마음에 의문으로 품고 있는데 우리 천존께서 보대(寶臺)에 올라 손을 들어 뜻대로 금광명(金光明)을 놓으시고 만류(萬類)를 굽어 살피시느니라.

〖 찬왈(讚曰) 〗

현현(玄玄)한 한 구멍(一竅)을 잡아 열으니 시방삼계(十方三界)가 때에 응하여 다가오느니라.

옥(玉)으로 된 글을 세밀히 살피니 원기(元氣)를 머금고 있어, 보급(寶笈)을 다시 널리 펴서 본태(本胎)를 길러야 하리.

시녀(侍女)들이 머리를 맞대어 마음이 저절로 깨달아지고 수많은 신하들이 공손히 시립하는데 뜻이 능히 헤아려지느니라.

천존의 가르침을 펴니 천화(天花)가 날리고 난새와 봉황이 표표히 칠보대(七寶臺)에 날아오르느니라.

제3장
뇌사계백장(雷師啓白章)

이때에 뇌사호옹(雷師皓翁)이 신선의 무리 가운데 있다가 천존(天尊) 전으로 나와 머리를 숙이며 예(禮)를 올리고 공손히 꿇어앉아 말씀을 올리니라.

천존(天尊)께서 대자(大慈)하시며 대성(大聖)하사 뭇 중생의 아비 되시고 만령(萬靈)의 스승이시옵고, 모든 천인(天人)들이 이런 광경을 선연히 보고 있사온데 마침 천존(天尊)께서 보배책을 열람하시고 옥으로 된 글을 살펴보심을 보고 그 가운데에 깊고 비밀스러운 이치를 가히 측량하기 어렵나이다.

오직 옥소일부(玉霄一府)가 있어 삼십육천(三十六天)과 내원중사(內院中司)와 동서화대(東西華臺)와 현관묘각(玄館妙閣)과 사부육원(四府六院)과 모든 유사(有司)와 각 유사에서 나뉜 조국(曹局)을 거느리니, 이러므로 천중천(天中天)인 옥소부(玉霄府)가 오뢰(五雷)를 모두 맡았으며 삼계(三界)를 다스리옵나이다.

천존(天尊)께서 위없는 임금이시온데 마음으로 모든 정사(政事)를 친히 베푸시니 우리 중생(衆生)들이 무슨 인연으로 천존님을 따르는지 원컨대 듣고자 하나이다.

時有雷師皓翁 於仙衆中 越班而出 面天尊前 頫顙作
시유뇌사호옹 어선중중 월반이출 면천존전 부신작

禮 勃變長跪 上白天尊言 天尊 大慈 天尊 大聖 爲群
례 발변장궤 상백천존언 천존 대자 천존 대성 위군

生父 爲萬靈師 今者諸天 咸此良覿 適見天尊 閱寶
생부 위만령사 금자제천 함차량적 적견천존 열보

笈 效瓊書 於中秘賾 不可縷計 唯有玉霄一府 所統
급 고경서 어중비색 불가루계 유유옥소일부 소통

三十六天 內院中司 東西華臺 玄館妙閣 四府六院
삼십육천 내원중사 동서화대 현관묘각 사부육원

及諸有司 各分曹局 所以總司 五雷 天臨三界者也
급제유사 각분조국 소이총사 오뢰 천림삼계자야

天尊 至皇 心親庶政 此等小兆 以何因緣 得以趨服
천존 지황 심친서정 차등소조 이하인연 득이추복

願告欲聞
원고욕문

【 주왈(註曰) 】

뇌사호옹(雷師皓翁)은 뢰제(雷帝)가 계시는 하늘 궁궐의 원로경사(元老卿師)며 중신(重臣)이라.

옥소부(玉霄府)는 고상(高上)의 신소천(神霄天) 중의 옥청진왕부

(玉淸眞王府)며 36천(天) 위에 있느니라.

천중(天中)에 오전(五殿)이 있으니

동왈(東曰) 예주(藥珠) 서왈(西曰) 벽옥(碧玉)

북왈(北曰) 청화(靑華) 남왈(南曰) 응신(凝神)

중왈(中曰) 장생(長生)이니라.

또 태을(太乙), 내원(內院), 가한(可韓), 중사(中司), 동서이대(東西二臺), 사조사국(四曹四局) 등이 있고 바깥으로 대범자미지각(大梵紫微之閣), 선도화뢰지관(仙都火雷之館)이 있으니 모두 옥부(玉府)에 있는 궁궐들이라.

좌현우현(左玄右玄), 금궐(金闕), 시중(侍中), 복사(僕射), 상상(上相), 진선진백(眞仙眞伯), 경감시신(卿監侍宸), 선랑옥랑(仙郎玉郎), 옥동옥녀(玉童玉女), 좌우사마(左右司摩), 제부뢰신(諸部雷神), 관군장리(官君將吏) 등이 36천(天)을 거느리느니라.

동방(東方)에 8천(天)이 있으니 이른바

고상도적천(高上道寂天) 고상양기천(高上陽岐天)

고상동광천(高上洞光天) 고상자충천(高上紫沖天)

고상옥령천(高上玉靈天) 고상청허천(高上淸虛天)

고상미과천(高上微果天) 고상정심천(高上正心天)이요.

남방 8천(天)은

고상도원천(高上道元天) 고상태황천(高上太皇天)

고상현중천(高上玄中天) 고상극진천(高上極眞天)
고상범기천(高上梵氣天) 고상보제천(高上輔帝天)
고상현종천(高上玄宗天) 고상역변천(高上歷變天)이요.

서방 8천(天)은
고상좌강천(高上左罡天) 고상주화천(高上主化天)
고상부림천(高上符臨天) 고상보화천(高上保華天)
고상정정천(高上定精天) 고상청화천(高上靑華天)
고상경랑천(高上景琅天) 고상단정천(高上丹精天)이요.

북방 8천(天)은
고상안선천(高上安墠天) 고상광종천(高上廣宗天)
고상호제천(高上浩帝天) 고상희현천(高上希玄天)
고상경사천(高上慶舍天) 고상천루천(高上天婁天)
고상변선천(高上變仙天) 고상승현천(高上升玄天)이요

동북방에 고상경황천(高上敬皇天)
동남방에 고상이신천(高上移神天)
서남방에 고상경령천(高上瓊靈天)
서북방에 고상승극천(高上升極天)이라.

아래로 36루(壘)를 다스리는데 각 방(方)에 구양(九陽)이 있어

범기(梵氣)가 응(應)하므로써 1년에 360기(氣)가 있게 되고 10일마다 일기(一氣)가 위로 떠 천(天)에 응(應)하느니라.

오직 일제(一帝)께서 일기(一氣)를 통치(統治)하니 천선(天仙)과 신귀(神鬼)가 공과(功過)를 부여(付與)하는데 본천(本天)에서 검열하여 공자(功者)는 본천(本天)에 이름이 오르고 과자(過者)는 본천(本天)에 투옥되느니라.

천옥(天獄)에 선악사(善惡事) 간에 36루(壘)가 있으니 황군(皇君)이 신소옥부(神霄玉府)에 주청하여 규찰(糾察)하느니라.

천상(天上)마다 용신(龍神)과 뢰신(雷神)이 있어 생살(生殺)하고 벌폭(伐暴)하며 주사(誅邪)하느니라.

사부(四府)는
구소옥청부(九霄玉淸府), 동극청현부(東極靑玄府)
구천응원부(九天應元府), 동윤옥부(洞潤玉府)이고

육원(六院)은
태을내원(太乙內院), 옥추원(玉樞院), 오뢰원(五雷院), 두추원(斗樞院), 씨양원(氏陽院), 선도화뢰원(仙都火雷院)이며

제유사(諸有司)는
천부정사(天部霆司), 봉래도수사(蓬萊都水司), 태을뢰정사(太乙雷

霆司), 북제뢰정사(北帝雷霆司), 북두정벌사(北斗征伐司), 북두방위사(北斗防衛司), 옥부뢰정구사(玉府雷霆九司) 및 여러 조원자사(曹院子司)가 있느니라.

무릇 세간(世間)에 날이 몹시 가물고, 풍우(風雨)가 조화롭지 못하며, 전란이 일어나고, 굶어죽는 일 등이 일어나면 이 모두 옥부(玉府)의 명(命)을 청(請)해야 할 것이니라.

뇌정(雷霆)에 응(應)하여 여러 사(司), 원(院), 부(府)가 옥추(玉樞)의 정사(政事)를 나란히 보좌하여 품청(稟聽), 시행(施行)하고 뇌정(雷霆)의 부월(斧鉞)로 경상(慶賞)하고 형위(刑威)하며, 법도를 세워 문란함을 없애느니라.

사(司), 원(院), 부(府)에 각기 분사(分司)가 있으니 혹은 겸사(兼司), 행사(行司), 순찰관사(巡察官司)라 하는데 모두 조국(曹局)을 갖추고 있으며 직책을 맡은 관리가 있느니라.

그러므로 옥소일부(玉霄一府)가 오뢰(五雷)를 거느리며 삼계(三界)를 다스리느니라.

[의왈(義曰)]

천존께서 붉은 옥(玉)으로 된 글과 옥돌로 된 책으로 천진(天眞)을 이루시니 뇌사(雷師)가 천존의 뜻에 따라 침묵을 지키면서 회(會)를 이루고 있더니 천존께 방편(方便)의 문(門)을 여시기를 청(請)하니라.

다른 군신(君臣)들도 역시 뇌사의 마음과 같았는데 그 마음은 군생(群生)들을 위하여 도 닦는 곧은 길을 일러주십사 하는 마음이라.

이 경(經)을 독송하는 군자(君子)는 마땅히 뇌사의 마음을 본받아야 할 것이며 그 마음이 곧 공(功)을 이루느니라.

【석왈(釋曰)】

그때에 우리 천존께서 보대(寶臺)에 오르시어 대중(大衆)들의 성품을 살피시고 침묵을 지키시니 뇌부의 직책을 맡은 뇌사호옹(雷師皓翁)이 윗전의 마음을 헤아리므로 천진(天眞)들 사이에 있다가 앞으로 나오느니라.

천존전(天尊前)에 나와 아뢰기를

「우리 천존님의 덕화(德化)가 무량무변하므로 진기(眞氣)와 원기(元氣)가 저절로 갖추어져 있나이다. 그 현서(玄書)와 비록(秘錄)의 내용을 가히 청할 수가 없나이다.」 하면서 뇌사호옹이 삼십육천(三十六天)과 동서이대(東西二臺)와 부(府)와 원(院)과 여러 사(司)의 정사(政事)를 옥소일부(玉霄一府)에서 총괄하지 않음이 없음을 아뢰느니라.

이런 사실을 밝혀 우리 천존께서 아직 선언하지 않은 것을 뇌사가 천존께 아뢰는 것이라.

「지대(至大)하고 지성(至聖)한 마음이 천지만물에 미치시니 신

(臣)은 보잘 것 없는 사람이기에 어떤 인연(因緣)⁸³으로 옥청진왕을 모시는지 원컨대 말씀해 주소서. 천존님께서 우리의 숙세(宿世)⁸⁴의 인연을 밝히시어 모든 중생들을 교화(教化)하는 옥소일부의 일에 참여하게 되었는지를 알려주소서.

마음을 모아 경건히 듣겠나이다.」 하니라.

〖 **찬왈(讚曰)** 〗

뇌사호옹(雷師皓翁)이 공손히 꿇어앉아 천존께 여쭈오니 사(司), 원(院), 부(府) 및 대(臺), 각(閣)의 뭇 천신들이 높이 우러르더라. 삼십육소(三十六霄)와 운뢰우풍(雲雷雨風)이여

어느 신(神)이 복종하지 않고 어느 성(聖)이 따르지 않겠는가. 생살(生殺)과 길흉(吉凶)을 모두 맡았으니 지극한 말씀을 듣고자 하면 성심(誠心)이 되어야 하리.

어질고 어질도다, 뇌사호옹이여.

〖 **강왈(講曰)** 〗

뢰(雷)에는 음양뢰(陰陽雷), 오행뢰(五行雷), 천뢰(天雷), 지뢰(地雷), 인뢰(人雷), 제천뢰(諸天雷)가 있느니라.

---

83 인연(因緣) : 인(因)과 연(緣). 결과를 생기게 하는 내적인 직접원인이 인(因)이고, 외부에서 이를 돕는 간접적인 원인이 연(緣)이다.

84 숙세(宿世) : 숙(宿)은 구구(久舊). 오래라는 뜻으로 숙세(宿世)는 전세(前世), 과거세(過去世)의 뜻이다.

뇌사(雷師)는 중뢰(衆雷)를 총지휘하는 스승이니라.

옥소(玉霄)는 시방(十方) 중 일방(一方)에 옥소(玉霄)가 있으며 36천(天)의 부(府)를 통괄하느니라.

삼계(三界)란 천계(天界). 지계(地界). 인계(人界)를 말함이니라.

뇌사께서 제천(諸天)과 제지(諸地)의 중생들의 고통을 살피시고 대원심(大願心)을 발하여 천존께 아룀이니 인연을 지어서 중생들을 구제하는 것이 시급하므로 장궤(長跪)하여 방편(方便)의 문(門)을 청하니 뇌사의 마음이 자부(慈父)의 마음이라.

제4장
선훈숙세장(仙勳夙世章)

천존(天尊)이 말씀하시대

뇌사호옹(雷師皓翁)아 너희들 신선(神仙)이 과거세(過去世)부터 공(功)을 쌓아 여러 전생(前生)에 행(行)한 까닭으로 옥부(玉府)에 올라 옥으로 된 궁전에서 문서 적는 일을 하는 것이니 이제 이 일을 하는 것은 전생에 공(功)이 많았음이라.

너희가 뇌사(雷司)에 힘을 다하고 마음을 화부(火部)에 맡겨 날을 거듭하고 해를 거듭하여 지성으로 행(行)하면 공(功)이 높아지고 거룩한 행(行)이 나타나며 성품이 맑아지고 정신이 융통하여 높은 진리를 모두 증득(證得)하고 곧 묘(妙)한 도(道)에 차차 나아가리라.

오직 뇌부(雷部)에 귀신(鬼神)이 갇혀 있어 낮이나 밤이나 힘들게 일하는데 망동(妄動)함이 있으면 채찍으로 매질하고 큰 죄를 지으면 육시(戮屍)하며 구름(雲)을 가

루내고 눈(雪)을 새기고 하는 일을 때가 없이 시키며, 용
(龍)과 까마귀를 보내 이 일이 끝나면 저 일을 시키나니
이러한 까닭을 너희는 귀담아 들으라.

뇌사호옹과 모든 천인(天人)과 신선(神仙)이 귀를 세우
고 침묵하니 천존(天尊)께서 앉으신 구봉단하(九鳳丹霞)
의 자리에서 손을 드시어 뜻대로 밝디 밝은 금빛 광명을
나투시니 옥 같은 바람이 깨끗하고 정미롭게 일고 비단
같은 구름이 찬란하게 빛나더라.

천존(天尊)께서 오랫동안 깊은 침묵을 지키시더니

天尊 言 雷師皓翁 爾等仙卿 儲勳夙世 累行昨生 故
천존 언 뇌사호옹 이등선경 저훈숙세 누행작생 고

得玉府登庸 瓊宮簡錄 今玆勳行 視夙昨多 爾其悉力
득옥부등용 경궁간록 금자훈행 시숙작다 이기실력

雷司 委心火部 日復日 歲復歲 勳崇行著 性霽神融
뇌사 위심화부 일부일 세부세 훈숭행저 성제신융

克證高眞 即階妙道 惟是雷部鬼神 晝勞夕役 動有捶
극증고진 즉계묘도 유시뇌부귀신 주로석역 동유추

楚 大則考戮 屑雲雕雪 無有已時 檄龍命鴉 此息彼
초 대즉고륙 설운조설 무유이시 격룡명아 차식피

作 彼所因故 爾其耳焉 雷師皓翁 及諸天諸仙 聳耳
작 피소인고 이기이언 뇌사호옹 급제천제선 용이

而默 天尊 所坐九鳳丹霞之辰 手擧金光明之如意 琅
이묵 천존 소좌구봉단하지의 수거금광명지여의 랑

風 淸微 綺雲 郁麗 天尊 寂然良久
풍 청미 기운 욱려 천존 적연양구

『 주왈(註曰) 』

뇌사(雷司)에서 영(令)을 내려 일을 행함이 빠르기가 풍화(風火) 같아 한곳에 머무르지 않느니라.

비와 이슬이 내려 만물이 윤택(潤澤)해지는 것도 방향이 있으며, 우레를 떨치는 소리도 제한이 있으니 가물 때는 가물고 비를 내릴 때는 내리게 하는 것이 반드시 상제(上帝)의 칙령을 받들어 뇌사에서 행하는 것이니라.

귀신인들 이런 이치를 어떻게 알 것인가.

진세(塵世)에 살면서 불충(不忠)하고, 불효(不孝)하며, 불인(不仁)하고, 불효(不孝)하며, 삼광(三光)[85]에 불례(不禮)하고, 오상(五常)[86]을 닦지 아니하고, 오곡(五穀)[87]을 아끼지 않는 자들은 죽은 후에 뇌사의 핍박과 부림을 받나니 실로 이것은 죄(罪)를 받는 것이니라.

천존께서 설(說)하시는 선악(善惡)의 인연을 뇌사호옹(雷師皓翁)과 제천(諸天)과 제선(諸仙)들이 송구스럽게 듣느니라.

천존께서 앉아 계실 때에 옥(玉) 같은 신풍(神風)이 깨끗하고 정미롭게 일고 비단 같은 구름이 찬란하며 화려하게 빛나니라.

---

85 삼광(三光) : 삼태성(三台星). 주 **1** 참조

86 오상(五常) : 인(仁), 의(義), 예(禮), 지(智), 신(信)을 말함. 오성(五性), 오덕(五德)이라고도 한다.

87 오곡(五穀) : 쌀, 보리, 조, 콩, 기장의 다섯 곡식을 말함. 사람이 먹는 모든 곡식을 총칭해 오곡이라고도 한다.

고요히 깊은 침묵에 계시다가 신선들에게 현문(玄文)을 말씀하시니라.

〖 의왈(義曰) 〗

선근(善根)은 마땅히 심고 악업(惡業)은 짓지 말아야 하느니 선한 일은 천진(天眞)들께서 받들어 오래도록 공(功)을 쌓고 오래도록 행하심인데 어찌 후학(後學)들이 마음을 다하지 않으리요.

〖 석왈(釋曰) 〗

뇌사호옹(雷師皓翁)이 천지(天地)와 동체(同體)며 일월(日月)과 더불어 밝으니 천존께서 뇌사호옹이 과거세(過去世)에 공(功)을 많이 쌓았음을 말씀하느니라.

여러 전생(前生)에 행하여 정기(精氣)를 얻으므로 화(化)를 이루고 형(形)을 이룬고로 옥부(玉府)에 오른 것이라.

선(善)과 악(惡)을 맡아 다스리는 것은 분화(分化)하여 사람을 제도한다는 뜻이니 그 공(功)이 적지 않음이고, 그러므로 화부(火部)에 마음을 다하는 것은 뇌사호옹의 본정(本精)이라.

더욱이 날로 거듭하고 달로 거듭하여 이름이 높아지고 행(行)이 거룩해지므로 원기(元氣)가 온전해지므로써 성품이 맑아지고 정신이 융통하다는 것이 결코 허언(虛言)이 아니니라.

그러므로 고상(高上)의 진왕(眞王)께 참예하여 명백히 깨달은 신하가 되어 대도(大道)를 공부하는 대열에 서게 되었느니라.

　천존께서 선악의 양도(兩途)로써 여러 천진(天眞)을 일깨우며 뇌부(雷部)의 귀신(鬼神)을 밤낮으로 일을 시키매 조금도 쉬지 않게 하시니라.

　'구름을 가루내고' 한다는 말씀은 사방으로 분주히 일을 시킨다는 것이며 구름을 뭉쳐 진지(陣地)를 만드는 노고(勞苦)를 뜻하는 것이라.

　'눈에 새기고' 한다는 것은 바람으로 눈을 얼리고, 비를 얼려 꽃을 만들게 하는 노역(勞役)을 시킴이라.

　심지어 귀신들이 물에 숨으면 용(龍)을 보내고 숲으로 달아나면 까마귀를 보내 동쪽은 일하게 하고 서쪽은 그치게 하며, 동쪽은 숨게 하고 서쪽은 일으키기를 쉼 없이 하니 이는 선악(善惡)의 원인으로 인함이 명백하니라.

　이때에 천존께서 뇌사(雷師)에게 가로대

　「내가 큰 권세를 잡아 상진(上眞)의 위(位)에 올라 이 도(道)에 합한고로 이와 같음을 얻었노라.」고 하시고, 「너희가 신선(神仙)이 되고자 하면 현현(玄玄)한 도(道)의 글(文)을 기리고 내 공(功)으로써 공(功)을 이룬즉 도(道)가 자연히 이루어지리라.」 하시니라.

　제천(諸天)과 제군(帝君)이 이와 같은 말씀을 듣고 귀를 세우고 경청(敬聽)하니라.

　천존의 위의(威儀)를 말로 다할 수 없으니 신풍(神風)이 맑고 깨끗하게 일고, 비단 같은 구름이 찬란하게 빛나느니라.

천존께서 구기(九氣)를 다시 합하여 일기(一氣)가 되어 적연(寂然)히 부동(不動)하시니라.

선(善)과 악(惡)의 두 길은 신통하게도 그림자와 메아리가 따르는 것과 같고, 선은 천진(天眞)을 이루고 악은 도깨비 무리가 되느니라.

일점(一點)의 영명(靈明)한 본래면목(本來面目)이여
태허(太虛)에 소요(逍遙)하니 억겁(億劫)이 즐겁구나.
잘못하여 육도(六途)에 떨어지면
윤회(輪回)가 멎을 날이 없어라.
하루아침에 발심(發心)하여 정각(正覺)을 이루니
봄이 와 탱자와 귤이 열리면 도처에 꽃들이구나.
청하든 탁하든 도(道)에 뜻을 둔 이들이여
선계(仙界)에 동참하시라.

제5장
심봉차도장(心縫此道章)

천존(天尊)이 말씀하시대

내가 옛적 천오백겁(千五百劫) 이전에 마음으로 이 도(道)에 합하여 상진(上眞)에 위(位)하고 뜻으로 이 공(功)을 이루어 권세를 잡아 대화(大化)한지라.

일찍이 대라원시천존(大羅元始天尊) 전에 청정심(淸淨心)으로 광대(廣大)한 원(願)을 발하여 미래세상에 일체중생(一切衆生)과 천룡귀신(天龍鬼神)이 내 명호를 한 번이라도 일컬으면 모든 고난에서 벗어나게 하고 만일 그리하지 않는 자(者)라도 내 마땅히 몸을 나투어 현현(顯現)할 것이라. 너희는 마음을 깨끗이 하라.

너희를 위하여 법(法)을 설(說)하리라.

天尊 言 吾昔於千五百劫以先 心縫此道 遂位上眞
천존 언 오석어천오백겁이선 심봉차도 수위상진

意釀此功 遂權大化 嘗於大羅元始天尊前 以淸淨心
의양차공 수권대화 상어대라원시천존전 이청정심

發廣大願 願於未來世 一切衆生 天龍鬼神 一稱吾名
발 광 대 원 원 어 미 래 세 일 체 중 생 천 룡 귀 신 일 칭 오 명

悉使超渙 如所否者 吾當以身 身之 爾等 洗心 爲爾
실 사 초 환 여 소 부 자 오 당 이 신 신 지 이 등 세 심 위 이

宣說
선 설

〖 주왈(註曰) 〗

'마음을 이 도(道)에 꿰맨다.' 함은 천을 치수에 맞게 재단하는
것과 같으니 천을 꿰매지 않으면 어찌 옷이 되리오.

또한 천지의 일점원기(一點元氣)가 태허(太虛)에 두루 흩어져 육
합(六合)[88]을 이루고, 사람은 부모의 일점원기를 받아 몸이 있게
되니 이는 조상이 물려준 몸이니라.

만약 닦은 지혜로 입정(入定)[89]하여 청정한 마음을 관(觀)하면
칠보(七寶)[90]가 모여서 응결하여 환단(還丹)[91]을 이루는 것이 보이

---

88 육합(六合) : 육양(六陽)과 육음(六陰)이 합하는 것을 말함. 육양은 하늘
을 생(生)하고 육음은 땅을 생(生)하므로 천기(天氣)와 지기(地氣)가 합
함을 말한다. 지경(地經) 학도희선장 제 1 주석 참조.

89 입정(入定) : 선정(禪定)에 드는 것. 삼매(三昧). 마음을 한곳에 정(定)하
여 번뇌(煩惱), 망상(妄想)을 그치게 하는 행위.

90 칠보(七寶) : 눈(眼), 귀(耳), 코(鼻), 입(口)의 일곱 구멍(七竅)의 작용이 외
부의 바깥경계로 새지 않고 안으로 거둬들이면 칠규(七竅)에서 광명
(光明)이 나서 칠보라고 한다.

91 환단(還丹) : 원래는 방사(方士)들이 제련한 외단(外丹)인 약(藥)을 말하
나 사람이 본래부터 가지고 있는 일점진성(一點眞性)을 뜻한다. 불성
(佛性)과 같다.

니 이것이 마음으로 꿰어서 대도(大道)를 이루는 것이며 위(位)가 상진(上眞)임을 증명하는 것이니라.

또 천지의 순수하게 변화한 기(氣)가 천도(天道)와 혼합(混合)하여 충화(沖和)의 묘(妙)함으로 큰 공(功)을 이루므로 권세를 잡아 크게 교화(教化)하게 되며 천지를 끌어 잡아 은현(隱顯)이 측량할 수 없느니라.

천존께서 대라원시천존전(大羅元始天尊前)에 광대한 원(願)을 발하여 일체중생(一切衆生)과 천룡귀신(天龍鬼神)이 천존의 명호를 한번이라도 부르면 그 앞에 현현(顯現)하여 모든 고난에서 벗어나게 하고 그리하지 않는 자라도 천존께서 마땅히 몸을 나투어 현현하시니라.

이를 보아도 천존께서 널리 인천(人天)[92]을 보호하고자 크나큰 서원(誓願)을 발(發)하신 것을 알 수 있나니라.

〖 **의왈(義曰)** 〗

다행히 사람의 몸을 받아 중간에 잘못되지 않고
정도(正道)를 지켜 이 경(經)을 독송하여 일취월장하고
종내는 도(道)에 합하니 작은 일이 아니니라.

---

92 인천(人天) : 인간계(人間界)와 천상계(天上界).

　도(道)는 얻기도 힘들고 합하기도 쉽지 않느니라.

　우리 천존께서 옛적 천오백겁(千五百劫) 이전에 이 도(道)에 합하여 구기(九氣)로 화형(化形)하시어 진왕(眞王)으로 일컬어지는 것이며 권세를 잡아 대화(大化)하시느니라.

　천존께서 일찍이 대라원시천존전(大羅元始天尊前) 전에 구천(九天)의 진기(眞氣)로 삼승(三乘)[93]의 가없는 원(願)을 발(發)하여 미래세(未來世)에 구기(九氣)를 받은 어떤 중생이라도 천존께 귀의하여 천존의 명호를 부르는 이는 모두 기사회생(起死回生)시킬 것을 서원하시니라.

　혹 불신(不信)하여 따르지 않는 자라 하더라도 천존께서 원시일기(元始一氣)로써 구기(九氣)로 화현(化現)하시어 제도하나니라.

　천존께서 제천(諸天)과 제군(帝君) 등에게 가로대

　「너희들은 마땅히 마음을 깨끗이 하라. 내가 너희들을 위하여 대도(大道)의 현묘(玄妙)함을 열겠노라.」 하시니라.

---

93 삼승(三乘) : 불교의 성문(聲聞), 연각(緣覺), 보살(菩薩)에 대한 세 가지 교법(敎法)을 말하는 것으로 승(乘)은 짐을 실어 나르는 수레를 말한다. 즉 모든 중생들을 근기에 따라 삼승(三乘)으로 제도하고 삼승의 성현(聖賢)들은 궁극적인 도(道)인 부처와 천선(天仙)을 이루게 한다는 뜻이다.

　도(道)는 천지(天地)의 마음이니 우치(愚癡)한 자는 깊은 뜻을 이
해하지 못하나니 해진 옷을 꿰매고자 하면 바늘을 잘 다듬어야
하리.

〖 강왈(講曰) 〗

　중생이 만 가지 일로 시비(是非)하고 죄업(罪業)까지 더하는데
일념(一念)으로 천존의 명호를 부르니 지옥을 면하는구나.
　사생(四生)과 육도(六途)에 미혹한 중생들이여
　미혹한 세계에서 돌아와 영주(靈珠)[94]를 찾아 영생(永生)을 얻으
라.
　백 년 동안 탐한 재물은 하루아침에 티끌이라.
　일념으로 신선되기를 발원하여 천세(千世)의 진보(眞寶)를 찾아
야 하리. 그러하고 그러한가.
　한바탕 웃노니 웃는 이는 그 누구인고.

---

94 영주(靈珠) : 생명체가 가지고 있는 본래 성품(性品)인 불성(佛性). 혹은
　　선천일기(先天一氣) 내지는 원시일기(元始一氣)를 말한다. 본래면목(本
　　來面目).

제6장
지도심요장(至道深窈章)

천존(天尊)이 말씀하시대

너희 천인(天人)이 지극한 도(道)[95]를 듣고자 하나니 지극한 도(道)는 깊고 깊으나 다른 데에 있는 것이 아니라

너희가 도(道)를 듣고자 하는데 들음이 없는 것이 곧 이 도(道)니라.

들음도 없고 봄도 없는 것이 참 도(道)며 듣고 봄이 멸

---

95 지도(至道) : 노자(老子)의 도덕경(道德經)에 「도가도 비상도(道可道 非常道)」라는 말이 첫머리에 나온다. '말로 할 수 있는 도(道)는 이미 도(道)가 아니다' 라는 말이다. '그것이 무엇이든 말로 할 수 있는 것은 진실이 아니다.' 라는 것이 도덕경(道德經)의 서론이다. 이제부터 많은 말이 계속될 것이지만 이 말에 붙잡혀 말의 밥(희생)이 되지 말라는 얘기이다. 지금은 열반하셨지만 성철(性徹) 스님도 '내 말에 속지 말라' 는 얘기를 하셨는데 같은 맥락이다. 또한 말은 곧 생각이므로 생각이나 사색으로는 도(道)에 도달할 수 없다. 말과 생각 자체가 이미 도(道)가 아니기 때문이다. 원각경(圓覺經)에 '생각하는 마음으로 여래(如來)의 원각(圓覺)경계를 헤아릴 진대 마치 반딧불을 가지고 수미산을 태우려는 것과 같아 마침내 될 수 없는 일이다.' 라고 하였다.

(滅)하면 오직 너 하나라.

너라는 존재도 오히려 있지 아니하거든 하물며 도(道)에 있어서랴.

들을 수 없는데도 듣고자 한다면 어찌 도(道)를 말할 수 있으리요.

天尊 言 爾諸天人 欲聞至道 至道深窈 不在其他 爾
천존 언 이제천인 욕문지도 지도심요 부재기타 이

旣欲聞 無聞者是 無聞無見 卽是眞道 聞見亦泯 惟
기욕문 무문자시 무문무견 즉시진도 문견역민 유

爾而已 尙爾非有 何況于道 不聞而聞 何道可談
이이이 상이비유 하황우도 불문이문 하도가담

【 주왈(註曰) 】

지극한 도(道)는 다른 데에 있는 것이 아니라 자기 스스로에게 있나니 도에 대해 듣고자 하나 스스로에게 갖추어져 있는 도를 밝히면 도에 대해 들을 필요가 없느니라.

이것이 '무문(無聞)'이고 '무문무견(無聞無見)'이 곧 진도(眞道)이니라. 남의 설명을 들을 것이 없이 스스로가 보는 것이 진도(眞道)니라. 듣고 봄이 다 같이 없어지면 듣고 보는 것이 필요치 않느니라.

사람이란 존재가 진실한 실체(實體)가 없다면 도에 대하여 들을 수 없는데, 들을 수 없으면서 듣고자 하는 것이니 더군다나 도에 대해 말한다는 것은 있을 수 없는 일이니라.

〖 의왈(義曰)〗

대도(大道)는 무형(無形)이라 나도 없고 남도 없나니 있으면서 없고 없으면서 있는 것이 진도(眞道)니라.

인위적인 것은 유형(有形)하니 도(道)가 어느 곳에 있으랴.

도에 들고자 하는 사람은 마땅히 없고 없는 곳에 머물러야 하나니 마음을 발밑에 두어야 하리.

〖 석왈(釋曰)〗

말하되 말한 바 없고, 행하되 행한 바 없으며

배우되 배운 바 없고, 알되 앎이 없으니

이것이 이른바 지극한 도(道)라.

〖 찬왈(讚曰)〗

도(道)여, 도(道)여, 도(道)라는 말에 크게 한번 웃노니

천지(天地)와 나와 사람이 모두 한 집안이며

한 구멍(竅)⁹⁶인 것을.

---

96 규(竅) : 현빈일규(玄牝一竅). 현빈(玄牝)이란 하단전(下丹田)의 다른 이름으로 단전에 한 개의 구멍이 난다는 뜻으로 기(氣)가 하단전에 머물러 있음을 얘기한다. 기(氣)가 모여 단전 자리가 잡힌 상태를 말한다.

(정렴 선생의 《용호결(龍虎訣)》)

부모에게서 처음 태어나기 이전 모태 중에 있을 때 먼저 이 구멍이
생기고 그 다음에 성(性)과 명(命)이 그 가운데 채워지게 된다. 여래의
수련이란 나의 신(神)과 기(氣)가 이 구멍으로 들어가 하나로 합하여
져서 진리의 씨앗을 이루게 하는 것이다. 이 구멍이 바로 혜명(慧命)
이라는 불성(佛性)이 주재하는 곳이다. (유화양 선생의 《혜명경(慧命
經)》). 여기서는 천지만물이 모두 한 기운으로 이루어졌다는 뜻이다.

제7장
도이성입장(道以誠入章)

천존(天尊)이 말씀하시대
도(道)는 정성(精誠)으로 들어가고
묵묵(默默)으로 지키고
부드러움(柔)으로 쓰나니

대도(大道)는 크나 크니 무형(無形)이며 무정(無情)하니라.

도(道)에 들어가는 문이 있으니 지키는 것이 중요하고 도를 씀에는 근거(樞)가 있어야 하므로 첫머리에 정성(精誠)을 말씀하셨느니라.

성(誠)이란 진실하여 망령됨이 없음을 뜻하니 망령됨이 없어지면 진실해지고 진실해지면 정성이 생기고 정성이 생기는 것이 도(道)에 들어가는 문이라.

침묵하면 침묵으로 진정한 침묵을 알게 되나니 도(道)는 아는 것으로써 이루어지는 것이 아니니라.

아는 것을 자꾸 말하게 되면 도(道)에 어둡게 되나니 도(道)를 지키는 것이 중요하나니라.

유(柔)란 약하고 겸손하며 낮은 것을 이름이니 굳셈을 알아서 약함을 지키는 것이고 백(白)을 알아서 흑(黑)을 지키는 것이니라.

오롯한 기운으로 부드러움(柔)에 이르는 것이 도의 근본인 것이니 부드러움으로 쓰는 것이니라.

정성을 씀에 어리석은 것 같고
묵묵함을 씀에 어눌한 것 같고
부드러움을 씀에 졸렬한 것 같으니

대지(大智)는 어리석은 것 같고 대변(大辯)은 어눌한 것 같으며 대용(大勇)은 겁이 많은 것 같나니라.

무릇 이와 같이 한 즉 가히 몸을 잊고
가히 나라는 존재를 잊고
가히 잊었다는 것도 잊을 것이니라.

'이와 같이 한즉(如是則)'이란 성(誠), 묵(默), 유(柔) 세 자(字)를 뜻하는데 세 자에 대해서는 이미 말하였으니 달리 얘기하면 마음을 내관(內觀)하는 것이니라.

마음은 또 다른 마음이 있는 것이 아니니 밖으로 여러 사물의 모습을 보지만 그 모습 외에 다른 모습이 있는 것이 아닌 것과 같나니라.

멀리 여러 사물을 보면 그 물건이 아닌 다른 물건이 아니고, 가까이 여러 가지 모습의 나를 보지만 나 아닌 다른 내가 없느니라.

나를 잊은 즉 색상(色相)⁹⁷이 없어지고 아상(我相)⁹⁸이 없어지고 인상(人相)이 없어져 나와 남과 사물이 섞이어 나라는 존재를 잊게 되느니라.

나라는 존재를 잊어도 잊었다는 생각이 있으면 진정 잊은 것이

---

97 색상(色相) : '나란 이 몸뚱이다' 라고 생각하고 집착하는 것.

98 아상(我相) : 금강경(金剛經)에 나오는 사상(四相) 중의 하나. 사상이란 아상(我相), 인상(人相), 중생상(衆生相), 수자상(壽者相)인데 중생(衆生)들이 스스로의 몸과 마음에 대해 그릇되이 인식하고 집착하는 네 가지 모습을 말한다.

  *아상(我相) : 나라는 존재가 실제로 있다고 생각하고 집착하는 것. 오온〔五蘊:색수상행식(色受想行識)〕이 화합하여 임시로 조직된 것을 '나' 라고 하며 또 내 것이 있는 줄로 생각하고 집착하는 것을 말한다.

  *인상(人相) : 나는 사람이라고 생각하고 집착하는 것. 나는 사람이므로 지옥의 귀신들이나 축생(畜生)과는 다르다고 생각하고 집착하는 것을 말한다.

  *중생상(衆生相) : 나는 중생(衆生)이라고 생각하고 집착하는 것. 중생의 본래 성품(性品)은 부처인데 스스로 중생이라고 비하하는 것을 말한다.

  *수자상(壽者相) : 태어나면서 일정한 수명을 가지고 있다는 생각. '본래자기' 는 불생불멸(不生不滅)임에도 몸뚱이를 자기로 알아 수명이 있다고 생각하는 것을 말한다.

아니니라.

    도(道)에 든 자 그칠 줄 알고
    도(道)를 지키는 자 삼가할 줄 알고
    도(道)를 쓰는 자 미묘한 것을 아나니

  '그친다(止)'라는 것은 있는 곳에 편안하여 마음이 부동(不動)함을 뜻하나니 멈추는 것을 아는 것인데 대학(大學)[99]에 나오는 '지지(知止)한 후에 정(定)한다.'는 것이 이것이니라.

  '지킨다(守)'란 '집행할 집(執)'이란 뜻이니 이른바 '하늘의 행(行)을 본받는다.(執天之行)'[100] 라는 것이니라.

  '삼가한다(謹)'란 지키는 것이 굳센 것이고

  '미묘한 것(微)'이란 나타난 것(顯)에 대해 말하는 것인데 나타난 것의 미묘한 것까지 안다는 뜻이니라.

---

99 대학(大學) : 유가(儒家)의 사서오경(四書五經) 중의 하나. 「지지(知止)한 후에 유정(有定)하고 정(定)한 후에 능히 정(靜)하고 정(靜)한 연후에 능히 안(安)하고 안(安) 후에 능히 려(慮)하고 려(慮)한 후에 능히 득(得)한 다.」라는 구절이 있다.

100 집천지행(執天之行) : 도가(道家)의 황제음부경(皇帝陰符經)에 나오는 말. 하늘의 도(道)를 보고 하늘의 행(行)함을 본받으면 이를 극진하 다고 하는 것이다.(觀天之道 執天之行 盡矣)

능히 미묘한 것을 안즉 혜광(慧光)이 나고
능히 삼가할 줄 안즉 성지(聖智)가 온전하고
능히 그칠 줄 안즉 정(定)하여 편안하니라.

'미묘한 것(微)' 이란 나타난 것의 기미(幾微)인데 그 기미를 알
게 되면 광명(光明)이 발(發)하여 지혜가 날로 통하고 지혜가 샘솟
듯 하나니라.

성지(聖智)가 분명하면 사물의 시종(始終)을 조리 있게 말하고
삼가할 줄 알면 성지(聖智)가 통하지 않는 데가 없으며 그 빛이 비
추지 않는 곳이 없음을 일러 '온전하다(全)' 고 하느니라.

'크다(泰)' 란 천군(天君)[101]이 태연(太然)함을 이르는 것이고 '정
(定)' 이란 지지(知止)한 후에 정(定)함을 말하는 것이니 다른 길에
미혹될 바가 없느니라.

'편안하다(安)' 란 정(靜)한 후에 편안한 것이니 외경(外境)에 반
연(攀緣)[102]하여 마음이 요동하지 않는 것이니라.

크게 정(定)하여 편안한 즉 성지(聖智)가 온전하고
성지가 온전한 즉 혜광(慧光)이 나고

---

101 천군(天君) : 여기서는 외부의 어떤 천신(天神)을 말하는 것이 아니고
　　　　정(精), 기(氣), 신(神)의 삼보(三寶) 중 원신(元神)을 뜻한다.
102 반연(攀緣) : 마음이 대상에 의지해서 작용을 일으키는 것.

혜광이 난 즉 도(道)와 더불어 하나가 되니
이것이 참으로 잊은 것이라.
오직 잊어서 잊지 않음이라.
가히 잊어서 잊을 것이 없고
가히 잊을 것도 없는 것이 곧 지극한 도(道)라.

윗글을 다시 설명하면 서로 원인이 되어 나타나는 결과는 윗글의 내용처럼 마음을 쓰면 태연하게(泰) 되고, 마음을 지키면 정(定)하게 되어 마음이 요동치 않아 편안(安)하게 되느니라.

이러한 길을 밟아 성인(聖人)이 되는 것이니 이러한 진리를 아는 것이 지(智)이고, 융통(融通)한 것이 혜(慧)이니 촛불의 불빛과 같나니라.

이제 이 언덕(此岸)을 오른 즉 환한 빛으로 비추지 않는 곳이 없고 깨달음으로 깨닫지 못한 것이 없어 환영(幻影)과 같은 몸을 멸(滅)하고 환심(幻心)도 멸하고 환진(幻塵)[103]도 역시 멸해야하리.

멸함이 없으면 환영도 없고 환영이 없으면 멸함도 없는 경지를 일러 '잊어서 잊을 것이 없는 것(忘無可忘)'이다.

---

103 환진(幻塵) : 안이비설신의(眼耳鼻舌身意) 육근(六根)의 대상인 외부경계. 색성향미촉법(色聲香味觸法)의 여섯 가지 외부경계가 육근(六根)과 작용을 일으켜 마음을 어지럽게 하므로 먼지(塵)라 했고, 그러나 육진(六塵)이니 육경(六境)이라 해도 진정한 실체가 없으므로 환(幻)이다.

잊고 또 잊는 경지도 지극한 도(道)가 아니니라.

도(道)가 천지(天地)에 있으나 천지도 알지 못하고

유정(有情)과 무정(無情)이 오직 하나요, 둘이 아니니라.

天尊 言 道者 以誠而入 以默而守 以柔而用 用誠似
천존 언 도자 이성이입 이묵이수 이유이용 용성사

愚 用默似訥 用柔似拙 夫如是則可與忘形 可與忘我
우 용묵사눌 용유사졸 부여시즉가여망형 가여망아

可與忘忘 入道者知止 守道者知謹 用道者知微 能知
가여망망 입도자지지 수도자지근 용도자지미 능지

微則慧光生 能知謹則聖智全 能知止則泰定安 泰定
미즉혜광생 능지근즉성지전 능지지즉태정안 태정

安 則聖智全 聖智全則慧光生 慧光生則與道爲一 是
안 즉성지전 성지전즉혜광생 혜광생즉여도위일 시

名眞 忘 惟其忘而不忘 忘無可忘 無可忘者 卽是至
명진 망 유기망이불망 망무가망 무가망자 즉시지

道 道在 天地 天地 不知 有情無情 惟一無二
도 도재 천지 천지 부지 유정무정 유일무이

〖 **주왈**(註曰) 〗

도(道)는 삼계(三界)에 유희(遊戲)하는 길이라.

도(道)에 들면 반드시 도를 지키는 방도가 필요하고 그 씀에도 이치가 있느니라.

도(道)는 천지의 무위(無爲)함을 이르는 것이니 사람의 참되고

(眞) 항상함(常)과 같나니라.

성(誠)이란 단정하고 삼가해서 변치 않아야 하는 것이니 망령되지 않아야 하느니라.

그러므로 망령됨이 없이 드리는 정성으로 참되고 항상한 도(道)에 들어갈 수 있느니라.

진상지도(眞常之道)는 깨닫는 사람이 스스로 얻는 것이니 침묵하여 마음이 융통(融通)해짐을 안 후에 능히 지키는 것이고 마음이 너그러워 화락(和樂)한 후에 능히 쓰는 것이니라.

도(道)에 들었다고 하면서 지키지 못한다면 도에 든 것이 아니며 지킨다고 하면서 쓸 줄 모른다면 역시 지키는 경지가 아니니라.

그러므로 진실로 쓰는 사람은 어리석은 듯이 침묵하고 화락하여 성질이 거칠지 않은데 이 역시 졸렬한 것 같으니 어찌 다름이 있겠는가. 그 하는 행동이 어리석고 어눌하며 졸렬한 것 같지만 그렇다고 실제로 그런 것이 아니니라.

사람이 도(道)에 능히 들고 지키고 쓴다면 바깥의 사물에 대해서도 잊고, 자기 자신도 잊어 물아(物我)를 함께 잊고, 잊은 것도 잊는 것이 진실한 망(忘)이라 하느니라.

어찌해서 이런 말을 하는가.

물아(物我)를 함께 잊는다는 것은 마음이 부동(不動)하여 맑고 고요하므로 피차(彼此)에 간격이 없다는 것이니라.

안다고(知) 하는 것은 이치를 밝게 알아 진리(眞理)를 보는 것을 뜻하느니라.

입도(入道)하여 지지(知止)하고 수도(守道)하여 지근(知謹)하면 진실로 도(道)를 좇아 잡스럽지 않게 되고, 용도(用道)하여 지미(知微)하면 능히 얽매이지 않아 원대(遠大)한 것에도 미혹되지 않느니라.

이 도의 근원(根源)은 일심(一心)에서 그 묘용(妙用)이 나는 데에 있나니라.

그러므로 통하지 않음이 없고 알지 못하는 것이 없으니 이는 본래의 성품(性品)에 갖추어져 있는 것이며 이에 이르러서는 완전히 자기 자신을 회복함이니라.

이것이 스스로의 근원(根源)이며 모든 만물의 근본이니라.

지지(知止)하고 지지(知止)한 후에 유정(有定)하고 정(定)한 후에 능히 편안하니 정정(靜定)을 오래하면 총명함이 점점 온전해져 천광(天光)이 안으로 불을 밝혀 마음이 청정해지고 도와 더불어 참됨을 합하느니라.

이렇게 되면 어느 것이 도(道)고 어느 것이 나인지 분간할 수가 없는데 다만 그 도가 나고 내가 도임을 깨달아 피차(彼此)를 잊어 잊을 것도 없는 지경이 되야 지극한 도라고 하느니라.

지극한 도는 천지지간(天地之間)에 있으나 천지(天地)도 도(道)가 어디에 있는지 알지 못하느니라.

꿈틀거리는 벌레까지 모든 유정물(有情物)과 산하초목의 무정물(無情物)들이 어찌 도(道)의 순수하고 잡되지 않은 기운 밖에서 나왔으리요.

천지만물(天地萬物)은 한 기운으로 생겨났으니 이것을 알고 사람들이 도를 닦아 오직 하나를 지켜 번잡하지 않으면 덕(德)이 쌓이고 마(魔)가 없어져 태양이 솟아 오르는 것처럼 될 것이니라.

〖 의왈(義曰) 〗

이 장(章)은 옥청진왕(玉淸眞王)께서 입도(入道)하고 수도(守道)하며 도를 체득(體得)하는 길을 말씀하셨느니라.

옥추(玉樞)의 큰 가르침을 받드는 사람들은 이러한 이치를 궁구하면 얻는 바가 있을 것이니 옥청진왕의 말씀이 허언(虛言)이 아님을 알게 되리라.

〖 석왈(釋曰) 〗

대도(大道)는 말이 없으니 유언(有言)이면 도(道)가 아니니라.

이런 까닭에 우리 천존(天尊)께서 앞에서 말씀하신 대로 지극한 도(道)는 깊고 깊어 듣기가 어렵다고 하신 것이라.

사실 이에 관해 엄밀히 얘기한다면 후인(後人)들은 천존의 교화(教化)를 입기 어려우니라.

왜냐하면 도(道)는 일어나기도 하고 그치기도 하며 보이지도 않고 들리지도 않는데 이 모든 것이 다 마음의 조화(造化)로 인함이기 때문이니라.

옛적에 우리 천존께서 구기(九氣)에서 나오시어 구기로 모습을
이루시니 우리가 어떻게 뵐 수 있고 말씀을 들을 수 있겠는가.

이 장(章)은 천존께서 도(道)를 공부하고 진리(眞理)를 닦는 길
을 가르치신 것이니 즉 쓰고(用), 지키고(守), 이루는(成) 길을 말씀
하신 것이니 반드시 정성을 다해 천지(天地)의 정성과 하나가 되
어야 하나니라.

성(誠)이란 오직 '하나' 이니 천도(天道)에서 일(一)이 생기고 일
(一)에서 이(二)가, 이(二)에서 삼(三)이, 삼(三)에서 만물(萬物)이 나
오는 것과 같나니라.[104]

그러므로 모든 일이 하나의 정성으로부터 비롯되지 않은 것이
없나니라.

사람이 정성스러우면 도(道)에 들 수 있고, 침묵하면 지킬 수
있으며, 부드러우면 도(道)를 잘 쓸 수 있는데 이런 연후에 정성의
힘을 얻으면 어리석은 것 같고 침묵의 힘을 얻으면 어눌한 것 같

---

104 도생일(道生一)하고 일생이(一生二)하며 이생삼(二生三)하고 삼생만물
(三生萬物)이로다.〈노자(老子)《도덕경(道德經)》〉

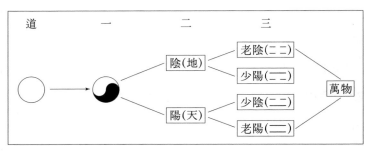

으며 부드러움의 힘을 얻으면 졸렬한 것 같아지느니라.

성(誠), 묵(默), 유(柔) 세 가지가 체(體)이자 용(用)이며 우(愚), 눌(訥), 졸(拙) 세 가지가 바로 도(道)이자 현묘(玄妙)함 자체니라.

이와 같이 한즉 도(道)와 더불어 혼연(混然)하여 망형(忘形)하고 망아(忘我)하며 망망(忘忘)하게 되는데 이것이 도(道)의 참되고 실다움의 묘(妙)이니라.

도(道)에 들어감에는 반드시 그칠 줄 알아야 하고

도(道)를 지킴에는 반드시 삼가할 줄 알아야 하고

도(道)를 씀에는 반드시 미묘함을 알아야 하느니라.

능히 미묘함을 알게 되면 구기(九氣)의 광(光)이 현전하고,

능히 삼가할 줄 알게 되면 만령(萬靈)의 성(聖)스러움이 온전하게 되고, 능히 그칠 줄 알게 되면 삼원(三元)의 신(神)[105]이 안정하게 되느니라.

신(神)이 안정하면 지혜가 갖추어지고

지혜가 갖추어지면 영광(靈光)이 생(生)하고

영광이 생하면 본원지기(本元之氣)에 합하느니라.

그러므로 이름하여 진망(眞忘)이라. 오직 잊어서 잊지 않음이라.

가히 잊어서 잊을 것이 없고

가히 잊을 것이 없는 것이 곧 참다운 하나의 대도(大道)라.

---

105 삼원지신(三元之神) : 삼혼(三魂), 삼정(三精)을 말함. 주 **2** 참조.

하나를 지키고 하나를 지켜서 삼가하고 침묵하면 나도 없고 남도 없느니. 도적[106]이 있는데 붙잡아 앉히면 도리어 맑아져서 푸르름으로 응결(凝結)하느니.

누가 도(道)를 얻었는가. 누가 도(道)를 잃었는가.

군자(君子)는 망령되이 말하지 말라.

구름을 헤치면 일월(日月)이 명랑하고 눈을 감으면 만물(萬物)이 스스로 즐거웁구나. 도(道)가 어디에 있는가.

적적(寂寂)한 정야(靜夜)의 초당(草堂) 안에 있나니 묵묵(默默)하여 백광(白光)이 고금(古今)을 철(徹)하는구나.

허공을 들이마셔 길게 취하여 뭇 철인(哲人)들의 사람을 속이는 제경(諸經)을 모두 없애노라. 묘(妙)하고 묘(妙)하도다.

가르침을 베푸는 대도(大盜)를 쳐 없애지는 않겠지만 천존(天尊)이 계시는 옥부(玉府)에는 오르지 않기를 맹세하노니 가가대소

---

106 도적(盜賊) : 안이비설신의(眼耳鼻舌身意) 육근(六根)이 색성향미촉법(色聲香味觸法)의 육경(六境)을 만나 대상에 집착하여 탐진치(貪瞋痴) 삼독(三毒)을 일으켜 악업(惡業)을 짓고 청정한 마음 바탕을 훼손하기 때문에 도적이라고 한다. 여섯 가지이므로 육적(六賊)이라고도 한다. 그러나 이 도적도 하나를 지켜 마음이 외경(外境)에 흔들리지 않으면 충실한 노복(奴僕)으로 부릴 수 있다.

(呵呵大笑)하노라.¹⁰⁷

---

107 이것은 선가적(禪家的)인 표현이다. 선가(禪家)에서 특히 격렬하고
야성적인 가풍(家風)을 지닌 대표적인 선사(禪師)로서 덕산선사(德山
禪師 : 778~863)가 있다. 당(唐)나라 사천(四川)에서 태어났다. 선사는
깨달은 후 당시 불조(佛祖)를 관념적 우상으로 모시고 있던 사람들
에게 다음과 같은 충격적인 말을 했다.
「나는 우리 조상과는 달리 생각한다. 부처도 없고 조사(祖師)도 없고
보리달마(菩提達磨)는 냄새나는 야만인이다. 석가모니는 별 볼일 없
는 밑씻개요, 문수. 보현보살은 변소치는 사람이다… 12분교의 교
학이란 귀신의 장부에 지나지 않으며 종기에서 흐르는 고름을 닦아
내기에나 적당한 휴지일 뿐이다.」
이것은 우리의 마음에 원만구족한 불성(佛性)이 갖추어져 있는데도
자성불(自性佛)은 찾을 생각하지 않고 바깥으로 부처를 찾고, 부처님
이 말씀하신 팔만대장경은 달을 가리키는 손가락에 불과함에도 손
가락만 쳐다보는 무지한 생각을 타파하려는 절절한 자비의 말씀이
다.
단군(檀君) 한배검의 삼일신고(三一神誥)에 「그 음성과 모습에 접하
고자 원해도 친히 나타내 보이지 않으시지만 저마다의 본성(本性)에
서 한얼 씨알을 찾아보라. 너희 머릿속에 내려와 계시느니라.(聲氣
願禱면 絶親見이니 自性求子하라 降在爾腦시니라)」라는 구절이 있
다. 바깥으로만 찾지 말라는 말씀이다.

제8장
연묘보장(演妙寶章)

천존(天尊)이 말씀하시대

내가 이제 이 세상에 무슨 일로써 중생(衆生)들을 이롭게 할꼬. 모든 천인(天人)들을 위하여 이 묘한 보배를 설(說)하였나니 깨달은 자로 하여금 신선(神仙)의 뜰에 오르게 하리라.

도(道)를 배우는 사람은 기(氣)와 수(數)를 분명히 해야 하나니 대범 풍토(風土)가 같지 않아 품수(稟受)가 스스로 다르므로 이르되 기(氣)라 하고,

지혜로움과 어리석음이 같지 않아 곧 맑고 탁함이 스스로 다르므로 이르되 수(數)라 하느니라.

수(數)는 명(命)에 매이고 기(氣)는 하늘에 매였으니 기와 수가 매여 있는 것은 천명(天命)에서 수갑 채우듯이 하기 때문이니라.

만약 참 도(道)를 얻으면 어리석음이 지혜가 되고, 탁

함이 맑게 되어 그 신명(身命)에 유익하니라.

어리석어 어둡고 어두우며, 탁하여 어둡고 어두운 것도 또한 풍토에 따라 받은 품수가 다른 소치라.

천지(天地)의 그 신비로운 기틀을 사람이 알지 못하나니 곧 가로대 자연(自然)이라 하며, 그 알지 못함을 아나니 또한 가로대 자연(自然)이라.

자연의 묘(妙)함은 비록 아는 데에 묘(妙)함이 있더라도 자연이 묘(妙)한 까닭은 모르는 데에서 나왔기 때문이니라. 그러므로 도(道)에는 어리석음과 탁함이 있지 아니하니라. 제천(諸天)이 듣기를 마치고 사중(四衆)이 모두 기뻐하더라.

天尊 言 吾今於世 何以利生 爲諸天人 演此妙寶 得
천존 언 오금어세 하이이생 위제천인 연차묘보 득

悟之者 俾躋仙阼 學道之士 信有氣數 夫風土不同
오지자 비제선조 학도지사 신유기수 부풍토부동

則稟受自異 故 謂之氣 智愚不同 則淸濁 自異 故 謂
즉품수자이 고 위지기 지우부동 즉청탁 자이 고 위

之數 數繫乎命 氣繫乎天 氣數所囿 天命所梏 若得
지수 수계호명 기계호천 기수소유 천명소곡 약득

眞道 愚可以智 濁可以淸 惟命俾之 愚昏昏 濁冥冥
진도 우가이지 탁가이청 유명비지 우혼혼 탁명명

亦風土稟受之異之 天地 神其機 使人不知 則曰自
역풍토품수지이지 천지 신기기 사인부지 즉왈자

然 使知其不知 則亦曰自然 自然之妙 雖妙於知 而所
연 사지기부지 즉역왈자연 자연지묘 수묘어지 이소

以妙 則自乎不知 然於道 則未始有以愚之濁之 諸天
이묘 즉자호부지 연어도 즉미시유이우지탁지 제천

聞已 四衆 咸悅
문이 사중 함열

〖 **주왈**(註曰) 〗

　범인(凡人)이 태어나는 곳에 땅이 두텁고(厚) 물이 깊으며 지기(地氣)가 차가우면 만물의 발육이 더디니 모두 조화(造化)의 공(功)인데 땅이 두터우면 장수하느니라.

　만약 땅이 엷고(薄) 물이 얕으며 지기(地氣)가 뜨거우면 만물의 발육이 빠르니 모두 조화(造化)의 공(功)인데 땅이 엷으면 요절하느니라.

　풍토(風土)가 같지 않아 받는 기(氣)가 다름이라.

　만약 사람이 청기(淸氣)를 받고 태어나면 사람이 착하고 단정하며 충효의 도리를 다하고 지혜가 총명하며 선도(仙道)를 즐기며 도(道)를 흠모하느니라.

　반대로 탁기(濁氣)를 받고 태어나면 사람이 흉악하고 삿되며 사납고 어리석으며 패역무도하여 불인(不仁)하고 불의(不義)하니라.

　지(智)와 우(愚)가 같지 않아 청(淸)과 탁(濁)이 다르니라.

　'사람이 기(氣)와 수(數)에 매여 있다'라는 것은 꽃이 피는 것도 각기 때가 있는 것이 모두 천지의 기(氣)를 받음으로 인한 것과 같은 뜻이니라.

'천명(天命)에 매여 있다' 라는 것은 천명은 천령(天令)이니 하늘이 족쇄와 같이 채우는 일을 하매 불선(不善)한 사람은 악도(惡道)에 길이 빠져 나올 길이 없는 것이니라.

그렇지만 진도(眞道)를 얻으면 어리석은 사람도 지혜문(智慧門)으로써 변화하고, 탁한 사람도 청정문(淸淨門)으로써 변화하느니라.

어리석어 항상 어둡고 어두우며, 탁하여 항상 어둡고 어두운 것도 자연히 그렇게 된 것이니 모두 풍토(風土)의 좋지 못한 기를 받았기 때문이라.

만물을 생살(生殺)하는 천지의 기(氣)도 사시(四時)의 기후를 따르느니라.

만약 공부하는 사람이 오행(五行)의 기(氣)와 음양(陰陽)의 정(精)을 얻어 수심연성(修心鍊性)하면 신명(身命)을 길이 보존하여 천지와 더불어 하나가 되고 일월과 더불어 밝음을 같이 하느니라.

어리석은 사람은 성(聲), 색(色), 미(味)만을 알아 이런 것들이 해(害)가 되는 것을 모르느라. 이러하므로 도(道)를 공부하는 사람은 마땅히 침묵하고 생각해야 할지라.

천지(天地)의 생물(生物)이 모두 이기(二氣)를 받아 형태를 이루니 청기(淸氣)가 많으면 현숙(賢淑)하고 탁기(濁氣)가 많으면 간악스럽구나.

풍토(風土)의 기(氣)가 같지 아니하니 품성이 모두 제각각이로다.

〖 석왈(釋曰) 〗

풍토(風土)가 같지 않으므로 실로 기(氣)와 수(數)에 매여 있느니라.

그러므로 우리 천존(天尊)께서 대도(大道)를 설(說)하신 후에 이 일장(一章)을 말씀하셨느니라. 어찌하여 그런가.

세상 사람들이 양생(養生)을 제대로 하지 않고 마음대로 무절제한 생활을 하기 때문이라.

사람들은 경청지기(輕淸之氣)는 하늘이 되고 중탁지기(重濁之氣)는 땅이 됨을 모르느니라.

무릇 사람의 몸은 천기(天氣)를 받아 정(精)을 이루고 피, 땀, 침, 눈물 등의 진액(津液)을 이루며 지기(地氣)를 받아 뼈, 살, 힘줄 등을 이루나니 이렇듯 음양이기(陰陽二氣)를 받아나니라. 어찌하여 그런가.

수도(修道)를 하면 현명하게 되고 어리석게 되는 이치를 알게 되는데 풍토(風土)의 후박(厚薄)과 음양(陰陽)의 편고(偏枯)함으로 그렇게 되는 것이니라.

천명(天命)은 족쇄와 같고 기(氣)와 수(數)는 철창 같으므로 사람은 천명에서 벗어나지 못하고 기수(氣數)에서 뛰쳐 나올 수 없느니라.

천존(天尊)께서 말씀을 마치시니 양반(兩班) 및 경(卿), 사(師), 사(使), 상(相)[108]들과 제천제군(諸天帝君)들과 뇌사호옹(雷師皓翁)이 일어나 춤추며 찬탄하고, 천룡(天龍)과 귀신(鬼神)들도 기쁨에 겨워 발을 구르며 춤추느니라.

〖 찬왈(讚曰) 〗

풍토(風土)가 마땅하고 마땅치 않음은 기(氣)와 혈(血)로 말미암아 서니라.

물(水)이 근원(根源)이 있는 것처럼 사람도 시초(始初)가 있으니 경청(輕淸)한 기(氣)는 현묘(玄妙)함으로 돌아가지만 중탁(重濁)한 기(氣)는 깨끗지 못하나니라.

도(道)가 본래 둘(二)이 없으니 이 마음은 달(月)과 같도다.

〖 강왈(講曰) 〗

한 근원(根源)인 물이 청수(淸水)가 있고 탁수(濁水)가 있는 것처

---

108 양반(兩班), 경(卿), 사(師), 사(使), 상(相) : 천상의 벼슬 이름.

럼 일점(一點) 영(靈)도 지우(智愚)의 분별이 있느니라.

굵은 소나무 속에서 천장(千丈)이나 자라고 나무는 띠(茅) 속에서 나서는 삼척(三尺) 밖에 자라지 못하는 것이 어찌 천지(天地)가 편벽해서 그러리오.

성(城)이 있어 오르는 것을 가리키는 것은 그것을 아는 사람들이 있어 그런 것이고, 바람이 부는 것을 알리는 것은 그것을 듣는 사람들이 있어 그런 것이니 이런 것을 어찌 삿되다고 할 것인가.

만약 천존(天尊)께서 유심(有心)이면 만령(萬靈)이 증애(憎愛)를 일으키고, 만령이 증애를 일으키면 음양(陰陽)이 뒤집히고,[109] 음양이 뒤집히면 중생들의 화복(禍福)이 천 가지로 다르고 만 가지로 변하여 이 세상이 소란스러워져 시비(是非)를 일삼게 되느니라.

이것이 어찌 자연(自然)이라고 하겠는가.

대갈일성(大喝一聲)하니 정예군이 앞으로 나아가 검(劍)을 휘둘러 검광(劍光)이 번득이매 오온(五蘊)[110]의 성(城)이 무너지고 부서

---

109 하늘이 살기(殺氣)를 발하면 별들이 정해진 도수(度數)를 벗어나 옮기고(天發殺機 移星易宿), 땅이 살기(殺氣)를 드러내면 뱀이나 용 따위가 땅 위로 나오게 되며(地發殺機 龍蛇起陸), 사람이 살기를 드러내면 천지가 뒤집혀지고(人發殺機 天地反覆), 하늘과 사람의 뜻이 합해서 발하면 만 가지 변화가 그 터를 정하게 된다.(天人合發 萬化定期) 《《황제음부경(皇帝陰符經)》 도장(道藏) 동진부(洞眞部)〉에 있는 글이다.

110 오온(五蘊) : 색수상행식(色受想行識)의 다섯 가지가 모인 것을 말한다. 색(色)은 물질, 곧 이 육신이고 수상행식(受想行識)은 정신작용인데 사람의 심신(心身)은 오온이 어떤 인연(因緣)으로 거짓 화합(和合)해서 성립한 것에 불과하다. 그러므로 반야심경(般若心經)에 『오온(五蘊)이 모두 비어있다(五蘊皆空)』이라 했다.

지고 또 부서지느니라.

천대의 수레가 같지 않지만 바퀴자국은 하나며, 탱자와 귤나무가 생김새는 다르지만 뿌리는 같으며, 가지는 구부러지고 휘어졌지만 줄기는 곧은 것과 같이 성(聖)과 범(凡)의 밝음과 어두움은 당체(當體)의 신령스러움에서는 같느니라.

그러므로 티끌(塵)과 청정함은 둘이 아니니 가리는 것이 죄(罪)이니라.[111]

---

111 지극한 도(道)는 어렵지 않으니 오직 가리는 일을 꺼리니 미움도 사랑도 없으면 통연(洞然)히 명백하리라.(至道無難 唯嫌簡擇 但莫憎愛 洞然明白) 선가(禪家)의 삼조(三祖) 승찬대사(僧璨大師)의 신심명(信心銘)에 나오는 말이다.
선종(禪宗)의 계보는 초조(初祖) 달마(達磨), 이조(二祖) 혜가(慧可), 삼조(三祖) 승찬(僧璨), 사조(四祖) 도신(道信), 오조(五祖) 홍인(弘忍), 그리고 그 유명한 육조(六祖) 혜능대사(慧能大師)로 이어진다.

제9장
설보경장(說寶經章)

천존(天尊)이 말씀하시대 내 이제 설(說)한 바가 옥추보경(玉樞寶經)이니 미래세(未來世)에 모든 중생들이 내명호를 듣고 깊은 마음으로 묵상(默想)하여 명호를 외우라.

구천응원뇌성보화천존이라 하여 혹 일성(一聲)하며 혹 오칠성(五七聲)하며 혹 천백성(千百聲)하면 내가 곧 시방(十方)에 모습을 드러내고 마음을 삼계(三界)에 옮겨 명호를 외운 자로 하여금 모두 뜻대로 원하는 바를 얻게 하리라.

시방삼계(十方三界)의 제천제지(諸天諸地)와 일월성신(日月星辰)과 산하초목(山河草木)과 나는 것이며 달리는 것이며 꿈틀거리는 것이며 앎이 있는 것, 앎이 없는 것과 천룡귀신(天龍鬼神)이 모든 중생의 일심(一心)으로 칭명(稱名)하는 소리를 듣고 만일 순(順)치 아니하는 자가

있으면 머리를 베고 마음을 갈라 먼지로 화(化)하게 할
것이니라.

天尊 言 吾今所說 卽是玉樞寶經 若未來世 有諸衆
천존 언 오금소설 즉시옥추보경 약미래세 유제중

生 得聞吾名 但冥心默想 作是念言 九天應元雷聲普
생 득문오명 단명심묵상 작시념언 구천응원뇌성보

化天尊 或一聲 或五七聲 或千百聲 吾卽化形十方
화천존 혹일성 혹오칠성 혹천백성 오즉화형시방

運心三界 使稱名者 咸得如意 十方三界 諸天諸地
운심삼계 사칭명자 함득여의 시방삼계 제천제지

日月星辰 山河草木 飛走蠢動 若有知 若無知 天龍
일월성신 산하초목 비주준동 약유지 약무지 천룡

鬼神 聞諸衆生 一稱吾名 如有不順者 馘首刳心 化
귀신 문제중생 일칭오명 여유불순자 괵수고심 화

爲微塵
위 미 진

【 주왈(註曰) 】

옥추(玉樞)란 옥청지기(玉淸之氣)를 말함이니라.

옥(玉)은 지존(至尊)하여 원시천존(元始天尊)을 옥청(玉淸)이라
칭하며, 호천상제(昊天上帝)를 옥황(玉皇)이라 하며, 태상도군(太上
道君)을 고상옥제(高上玉帝)라 하며, 삼청(三淸)의 도읍을 옥경(玉
京)이라 하며, 신소진왕(神霄眞王)을 옥청(玉淸)이라 하니 옥(玉)이
란 보배로우면서도 존귀하니라.

추(樞)는 천지의 추뉴(樞紐)라.

뇌정(雷霆)이 천지의 추기(樞機)니 천(天)은 추(樞)요, 지(地)는 기(機)라. 추(樞)는 음(陰)이요, 기(機)는 양(陽)인데 천(天)은 본래 양(陽)이니 추(樞)는 전도(顚倒)된 이치니라.

비록 천양지음(天陽地陰)이나 천일생수(天一生水)하니라.

북두(北斗)는 탐랑성(貪狼星)을 추성(樞星)이라 하니 탐랑성은 천원(天元)에 배속되어 칠정(七政)의 우두머리니라.

이 세상의 추밀원(樞密院) 역시 조정의 기강을 세우는 추기(樞機)이니 나라의 가장 중요한 일을 하는 곳이므로 살(殺)하고 벌(伐)하는 권세를 가졌느니라.

옥추(玉樞)의 경(經)은 천부(天府)의 뇌문(雷文)이라.

순응치 않으면 마음을 가르고 그 머리를 참(斬)하니 이는 모두 뇌사(雷司)가 영(令)을 주장하기 때문이라.

이와 같이 밝히는 것은 하늘의 위의(威儀)를 드러내기 위함이라.

〖 의왈(義曰)〗

천존께서 호생지심(好生之心)으로 시방에 화현(化現)하시어 모든 만물(萬物)에게 두루 은혜를 베푸시는데 이 도(道)를 헐뜯고 비방하면 뇌사(雷司)에서 머리를 베고 마음을 가르니라.

이 장(章)은 천존(天尊)께서 광대한 원(願)을 발(發)하신 것을 밝혔느니라.

천존께서 항상 중생(衆生)을 건지려는 마음뿐임을 글자를 빌리지 않고 밝히셨으나 여기에서 옥추(玉樞)의 영문(靈文)을 내려서 중생을 교화하시느니라.

어떤 중생이 교화되어 참된 후에는 한 소리로 천존의 명호를 부르고 천존의 부(符)를 그리면 산하초목(山河草木)과 비주준동(飛走蠢動)과 음양이기(陰陽二氣)를 받은 모든 만물(萬物)이 두려워하며 칭명(稱名)하는 소리를 듣고 감히 태만하지 못하느니라.

만약 따르지 않는 자가 있으면 뇌사(雷司)에서 용납치 않아 부수어 가루를 내느니라.

〖 찬왈(讚曰)〗

천존이시여 천존이시여, 광대한 원(願)을 발하시니 현문(玄文)을 훼방(毁謗)하면 뇌사(雷司)의 분노를 사 해를 입으리.

〖 강왈(講曰)〗

바닷물을 다 마셔 없애버리니 한 마리의 고기도 움직이지 못하고, 열매를 따고 나무를 부러뜨리니 사람들이 방(棒)으로 난타(亂打)하는구나.

돈을 나누어 베(布)가 더하니 앞을 막고 뒤는 지키는 것이고, 구슬 한 말을 넉넉히 보시하니 사람들이 꾸짖고 욕하더라. 삼승(三乘)¹¹²과 오교(五敎)¹¹³가 좋을시고 좋을시고

가득 찬 구슬이 분명하여라 분명하여라.

동(東)과 서(西)가 이 무엇인고

노을 낀 푸른 천지(天地)가 한 집안이매 안개가 중첩하여 지척 간인 듯하나 만리(萬里)에 뻗어있구나.

---

112 삼승(三乘) : 주 **93** 참조

113 오교(五敎) : 화엄종(華嚴宗)에서 불교를 오교십종(五敎十宗)으로 분류한 것. 소승교(小乘敎), 대승시교(大乘始敎), 대승종교(大乘終敎), 돈교(頓敎), 원교(圓敎) 다섯 가지로 나눈다.

제2부

지경(地經)

제1장
학도희선장(學道希仙章)

천존(天尊)이 말씀하시대

내가 구천정명대성(九天貞明大聖)이라.

매월 초엿새날과 열흘 가운데 신일(辛日)에 일만천상(一萬天上)을 살피고 삼계(三界)에 부유(浮遊)하노니 만약 어떤 사람이 도(道)를 배우고자 하거나, 신선(神仙)이 되고자 하거나, 구현(九玄)[114]에서 벗어나고자 하거나, 삼재(三災)를 풀고저 하면 올바른 도사(道士)[115]를 청(請)하거나 친한 벗과 함께 누관(樓觀)이나 가정에서나 이사(里社)에서

---

114 구현(九玄): 칠조(七祖), 즉 7대까지의 조상님에 2대(二代)를 더해 구현이라 하는데 7대, 9대 조상님을 합해 구현칠조(九玄七祖)라고 한다. 9대까지의 조상님들이 지은 죄로 인해 생기는 재앙에서 벗어나고자 하는 뜻인지 분명치 않다.

115 정일도사(正一道士): 도교(道敎)의 한 파인 천사도(天師道)의 원(元)나라 이후의 공식적인 명칭이 정일교(正一敎)인데 정일교의 도사를 말한다. 천사도의 전신(前身)인 오두미도(五斗米道)가 '정일맹위(正一盟威)의 가르침'이라고 자칭한데서 유래하였다. 그러나 여기서는 '올바른 도사'라고 했다.

청수(清水)와 꽃을 올리고 차례대로 이 경(經)을 독송하되
혹 한 번이나 혹 삼오(三五) 번이나 내지 수십백 번이
면 즉시 정신이 맑아지고 기운이 시원해지며 마음이 광
대(廣大)해지고 몸이 편안해져서 무릇 바라고 구하는 바
가 이루어짐을 느끼게 되리라.

天尊 言 吾是九天貞明大聖 每月初六及旬中辛日 監
천존 언 오시구천정명대성 매월초육급순중신일 감

觀萬天 浮遊三界 若或有人 欲學道 欲希仙 欲逭九
관만천 부유삼계 약혹유인 욕학도 욕희선 욕환구

玄 欲釋三災 當命正一道士 或自同親友 於樓觀 於
현 욕석삼재 당명정일도사 혹자동친우 어루관 어

家庭 於里社 釂水饋花 課誦此經 或一過 或三五過
가정 어리사 조수궤화 과송차경 혹일과 혹삼오과

乃至數 十百過 即得神清氣爽 心廣體胖 凡所希求
내지수 십백과 즉득신청기상 심광체반 범소희구

悉應其感
실응기감

〖 주왈(註曰) 〗

천존께서 정명대성(貞明大聖)이라고도 불리워지시느니라.

대저 정(貞)이란 천지(天地)를 올바로 관(觀)하는 것이며 길흉
(吉凶)을 올바로 다스리는 것이니라.

천지가 변화를 일으키면 성인(聖人)께서 그것을 본받고, 천지
가 길흉(吉凶)의 상(象)을 드리우면 성인께서 그것을 본받아 대역

(大易)을 지으시니 곧 원형이정(元亨利貞)이니라.

정(貞)은 사시(四時)로는 겨울이고 사방(四方)으로는 북쪽이며 겨울 역시 북쪽이니 천(天)의 일(一)이 생수(生水)하는데 일(一)이 옥청(玉淸)의 조기(祖氣)이니라.

천존(天尊)께서 매월 초육일(初六日) 및 신일(辛日)날 하강하시는 데 초육(初六)이란 육양(六陽)을 말하며 아래로 내려 하늘을 생(生)하고, 육음(六陰)은 위로 올라 땅을 생(生)하니 이렇게 승강(升降)하여 육허(六虛)에 두루 퍼지면 이것이 도(道)의 지극한 바며, 성(聖)스러운 공(功)인 것이며 신명(神明)이 나오게 되는 것이니라.

천지(天地)의 생수(生數)는 일(一)이며 성수(成數)가 육(六)이니 천지가 얻으면 윤택(潤澤)하여져 세상을 제도하는 것이라.

신일(辛日)은 하늘의 물(水)의 수(數)니 천수(天數)는 마땅히 신(辛)이라 일컬어지고 신수(辛數)는 건위천(乾爲天)이라.

하늘에서 일(一)이 생수(生水)하는데 그 일(一)은 선천일기(先天一氣)라는 뜻이니라.

만천(萬天)이라 함은 하늘이 스스로 크게 벌여져 있고 청미(淸微), 우여(禹餘), 대적(大赤)의 삼경지천(三境之天)이 있으며 그 주위로 제천(諸天)이 널리 퍼져 있느니라.

천상(天上)과 인간세상과 삼계(三界)에까지 두루 다니시며 살피시어 만령(萬靈)의 공과(功過)를 기록하시니라.

이 경(經)을 독송하면 바라고 구하는 바가 이루어짐을 느끼게 되리라.

〖 의왈(義曰) 〗

천존(天尊)께서 말씀하시대 널리 교화(教化)를 하여 유정(有
情)[116]과 무정(無情)[117], 유지(有知)[118]와 무지(無知)[119]가 모두 진도(眞
道)를 얻으니 스스로들 그 공덕(功德)을 보면 무량(無量)할 것이니
라.

두드리면 반드시 응감(應感)하나니 이 도(道)를 받드는 사람은
힘쓰고 힘쓸지어다.

〖 석왈(釋曰) 〗

천존(天尊)께서 하강하여 살피시는 날은 세상 사람들이 두려워
해야 함에도 스스로들 천률(天律)을 범하는 것도 모르느니라. 천
존께서 중생들의 삶이 이와 같은 것을 애석하게 여기시느니라.

혹 학도희선(學道希仙)하기를 바라는 사람은 청수(清水)와 꽃을
올리고 친한 벗이나 혹은 도사(道士)와 함께 이 경을 독송하면 신
선(神仙)의 반열에 오르고 천부(天府)에 이름이 오르느니라.

혹 하우자(下愚者)라도 문득 성심(誠心)으로 경을 독송하면 마

---

116 유정(有情) : 정식(情識)을 갖고 살아있는 것. 즉 생물 중 동물의 유
(類)를 말한다.
117 무정(無情) : 정식(情識)이 없는 산하대지, 초목 같은 무정물(無情物)을
말한다.
118 유지(有知) : 앎이 있는 것. 유정과 같다.
119 무지(無知) : 앎이 없는 것. 무정과 같다.

음이 넓어지고 몸이 편안해질 것이며 혹은 효자(孝子)나 착한 손자(孫子)가 있어 마음을 가다듬고 생각을 깨끗이 하여 제단(祭壇)을 만들고 이 경을 독송하면 즉시 초승(超昇)하고, 삼재(三災)와 구현(九玄)을 풀어 원(願)대로 이루어지지 않음이 없으리라.

〖 찬왈(讚曰)〗

물질이 아니라 정성(精誠)만 드려도 그 기운이 하늘에 이르고, 한 소리로 천존의 명호를 부르면 천지(天地)에 다시 봄이 온다네.

〖 강왈(講曰)〗

이 경(經)을 만 번 독송하면 신비한 향기가 진동하고

오만 번을 독송하면 꿈에 천존님을 뵙고 예배하게 되며

십만 번을 독송하면 백광(白光)이 몸 주위에 서리고 눈을 감으면 서광(瑞光)이 은은하며 오래오래 계속 독송하면 진세(塵世)의 욕망이 한꺼번에 떨어져 나가 망념(妄念)이 점차 없어지게 되어 대도(大道)를 문득 깨달을지니 이런 때는 만신(萬神)이 모두 명(命)을 듣느니라.[120]

---

120 허황하고 요망한 생각을 버리고 진실하며 순수한 마음으로 독송해야 나타나는 현상일 것이고, 욕심이 앞서 마음이 자꾸 앞질러가면 스스로 환영을 만들거나 잡귀의 농간으로 사람이 이상해질 수 있다. 그리고 만 번, 오만 번이란 횟수는 대략 그렇다는 얘기이고 드리는 정성의 여하에 달린 일일 것이다.

제2장
소구령장(召九靈章)

천존(天尊)이 말씀하시대

몸 가운데의 구령(九靈)을 어찌 부르지 아니하리요.

일왈 천생(天生)이요 이왈 무영(無英)이요

삼왈 현주(玄珠)요 사왈 정중(正中)이요

오왈 혈단(子丹)이요 육왈 뇌뇌(回回)[121]요

칠왈 단원(丹元)이요 팔왈 태연(太淵)이요

구왈 영동(靈童)이라 부른즉 길(吉)하고

몸 가운데의 삼정(三精)을 어찌 부르지 아니하리요.

일왈 태광(台光)[122]이요 이왈 상령(爽靈)[123]이요

---

121 뇌뇌(回回) : 「고자(古字)로 ◎자가 뇌문(雷文)인데 후대(後代)에 회(回)
자로 써서 이 회(回)가 곧 뢰(雷)이다.」라고 했다. 그러므로 '회회'가
아니라 뇌뇌(雷雷)라고 읽는다.

122 태광(台光) : 태청양화지기(太淸陽和之氣).

123 상령(爽靈) : 음기지변(陰氣之變).

삼왈 유정(幽精)[124]이라 부른즉 경사스럽나니

오심(五心)[125]이 번민(煩悶)하고 육맥(六脈)이 고르지 못하고 어지러우며 사지(四肢)가 편안함을 잃고 일백 마디가 급하거든 마땅히 이 경(經)을 독송하라.

天尊 言 身中九靈 何不召之 一曰天生 二曰無英 三
천존 언 신중구령 하불소지 일왈천생 이왈무영 삼

曰玄珠 四曰正中 五曰子丹 六曰回回 七曰丹元 八
왈현주 사왈정중 오왈혈단 육왈뇌뇌 칠왈단원 팔

曰太淵 九曰靈童 召之則吉 身中三精 何不呼之 一
왈태연 구왈영동 소지즉길 신중삼정 하불호지 일

曰台光 二曰爽靈 三曰幽精 呼之則慶 五心 煩悶 六
왈태광 이왈상령 삼왈유정 호지즉경 오심 번민 육

脈 搶攘 四肢 失寧 百節 告急 宜誦此經
맥 창양 사지 실령 백절 고급 의송차경

〖 주왈(註曰) 〗

구령(九靈)이란 인신(人身)의 본신(本神)이라.

천생(天生)은 현빈(玄牝)이요, 무영(無英)은 영아(嬰兒)요, 현주(玄珠)는 곡신(谷神)이요, 정중(正中)은 니환부인(泥丸夫人)이요, 혈

---

124 유정(幽精) : 음기지잡(陰氣之雜). (《운급칠첨(雲笈七籤)》)

125 오심(五心) : 간(肝), 심(心), 비(脾), 폐(肺), 신(腎)의 오장(五臟)에서 일어나는 마음을 뜻하는 것 같다. 오장 자체에서야 마음이 일어날리 없지만 그 장부(臟腑)의 건강 정도에 따라 마음이 변하기 때문이다.

단(子丹)은 영대신(靈臺神)이요, 뇌뇌(回回)는 귀권신(貴券神)이요, 단원(丹元)은 심신(心神)이요, 태연(太淵)은 신궁열녀수부신(腎宮列女水府神)이요, 영동(靈童)은 주제오장신(主制五臟神)이니라.

태광(台光)은 남녀구정(男女構精) 포태시영(胞胎始榮)이요, 상령(爽靈)은 혼(魂)이요, 유정(幽精)은 백(魄)이라.

사람이 자기 몸속에 이와 같은 신령(神靈)이 있는 줄 알아 이 신령을 늘 부르고 불러 연성(煉成)하여 일가(一家)를 이루면 학도희선(學道希仙)을 하는 데에 장애가 없게 되느니라.

만약 오심(五心)이 번민하고 육맥(六脈)이 고르지 못하여 어지러울 때 이 경을 독송하면 신중(身中)의 제신(諸神)이 모두 편안해져 사람도 편안해지느니라.

〖 의왈(義曰) 〗

삼정구령(三精九靈)이 어떤 외물(外物)이 아니라 내 본가(本家)에 주(住)하는 것이니 바깥으로 방출(放出)함을 삼가니 마땅히 영(令)을 내려 항상 내 좌우(左右)에 있게 하라. 천존님께 진심(眞心)으로 예배를 올리면 쉽게 보고 쉽게 얻을 수 있느니라.

이는 천존께서 사람이 대도(大道)가 있는 곳을 모르는 연고로 이와 같이 밝히시는 것이라.

〖석왈(釋曰)〗

하늘에는 구요(九曜)가 있고 사람에게는 구령(九靈)이 있으며 하늘에 삼태(三台)가 있으니 사람에게 삼혼(三魂)이 있느니라.

하늘에 구요가 실도(失度)하여 삼태성이 자리를 옮기면 날이 몹시 가물거나 비가 몹시 오고, 사람의 구령이 실수(失守)하면 삼혼이 망행(妄行)하여 재화(災禍)가 생기느니라.

이같은 액(厄)을 당하는 자는 지극한 마음으로 이 경을 독송하고 부(符)를 태운즉 삼혼(三魂)이 편안하고 구령(九靈)이 쉬게 되어 오심(五心)이 정(靜)하고 육맥(六脈)이 화(和)하며 사지(四肢)가 편안하고 백절(百節)이 편안해지리라.

〖찬왈(讚曰)〗

구령(九靈)이여 구령(九靈)이여

실로 나의 정(精)이니 늘 부르고 부르면 영보장생(永保長生)하느니.

〖강왈(講曰)〗

이 경은 유보법(有報法)이니 3·7일 독송하면 이명(耳鳴)하고, 7·7일 하면 꿈에 동자(童子)를 보고, 100일 하면 벌과 나방 소리가 들리게 되는데 이렇게 되면 스스로 신어(神語)를 하게 되고 현규(玄竅)가 명랑해져 제사(諸事)를 예지(豫知)할 수 있느니라.

상근기(上根氣)는 100일, 중근기(中根氣)는 200일, 하근기(下根氣)는 300일에 통령(通靈)하느니라.[126]

---

126 귀에서 소리가 나기를 원하고, 꿈에 동자를 보고 싶고, 벌과 나방 소리가 듣고 싶고, 신어(神語)를 하고 싶고, 모든 일을 미리 알고 싶다는 욕망이 앞서면 실제 그렇지도 않으면서 스스로 환영(幻影)을 만들어 현실로 그러한 일들이 나타난다고 착각을 할 수 있다. 들리든 말든 보이든 말든 정념(正念)을 굳게 세워 일관되게 꾸준히 하는 것이 요구된다.

제3장
오행구요장(五行九曜章)

천존(天尊)이 말씀하시대

오행(五行)이 편벽되어 조화(調和)를 잃고 구요(九曜)

가 서로 극충(剋衝)하면[127] 연(年)이 형충(刑衝)하고 운(運)

이 극전(剋戰)하여

고신과숙(孤辰寡宿)[128]과 양인검봉(羊刃劍鋒)[129]과

겁살망신(劫煞亡神)[130]과 귀문구교(鬼門鉤絞)[131]와

---

127 구요금기(九曜嶔崎) : 별들이 모여 혹은 서로 극(剋)하고 혹은 충(衝)하
는 것을 말한다. 그러면 사람의 몸이 험하게 상하며 꺾어지기 쉽다.

128 고신과숙(孤辰寡宿) : 고신(孤辰)은 홀아비이고 과숙(寡宿)은 과부를
말하는데 고신살(孤辰殺), 과숙살(寡宿殺)하면 살신(殺神)의 이름이 된
다. 이하는 모두 살신의 이름이다.

129 양인검봉(羊刃劍鋒) : 양인(羊刃)은 성격이 급하여 몸에 해(害)를 입는
것이고, 검봉(劍鋒)은 칼을 만나 상하는 것이다.

130 겁살망신(劫煞亡神) : 겁살(劫煞)은 몸이나 재산이 겁탈, 파산하는 것
이고, 망신(亡神)은 범죄나 불륜 등으로 패가망신하는 것이다.

131 귀문구교(鬼門鉤絞) : 귀문(鬼門)은 신경쇠약이나 변태성 기질이 있는
것이고, 구교(鉤絞)는 가정불화나 관재구설로 몸을 해하는 것이다.

녹조파패(祿遭破敗)[132]와 마락공망(馬落空亡)[133]과

움직이면 흉하고 위급한 일을 만나고 어디를 행(行)하면 함정에 빠지게 되느니라.

그러면 즉시 이 경(經)을 독송하여 위에 청(請)하면

천관(天官)은 천액(天厄)을 풀고

지관(地官)은 지액(地厄)을 풀고

수관(水官)은 수액(水厄)을 풀고

오제(五帝)[134]는 오방액(五方厄)을 풀고

사성(四聖)[135]은 사시액(四時厄)을 풀고

남신(南辰)[136]은 본명액(本命厄)을 풀고

북두(北斗)[137]는 일체액(一切厄)을 푸느니라.

---

132 녹조파패(祿遭破敗) : 재산이 다 없어지는 것이다.

133 마락공망(馬落空亡) : 마락(馬落)은 말 그대로 말에서 떨어지는 것이니 지금의 교통사고를 뜻하고, 공망(空亡)은 비어있다는 뜻이니 사람이나 재산이나 아무것도 없는 것이다.

134 오제(五帝) : 오행(五行)을 주재하는 신(神)이다. 주 **24** 참조.

135 사성(四聖) : 춘하추동(春夏秋冬) 사시(四時)를 주재하는 신.

136 남신(南辰) : 남두육성(南斗六星)을 말한다. 남두성군(南斗星君)은 북두칠성(北斗七星)의 국자 모양 근처에 있는 여섯 개 별로 사람의 수명과 복(福)을 주관한다.

137 북두(北斗) : 북두칠성(北斗七星). 주 **59** 참조.

天尊 言 若或有人 五行奇蹇 九曜欹崎 年逢刑衝 運
천존 언 약혹유인 오행기건 구요금기 연봉형충 운

值剋戰 孤辰寡宿 羊刃劍鋒 劫煞亡神 鬼門鉤絞 祿
치극전 고신과숙 양인검봉 겁살망신 귀문구교 녹

遭破敗 馬落空亡 動用凶危 行藏坎壈 卽誦此經 上
조파패 마락공망 동용흉위 행장감람 즉송차경 상

請天官 解天厄 地官 解地厄 水官 解水厄 五帝 解五
청천관 해천액 지관 해지액 수관 해수액 오제 해오

方厄 四聖 解四時厄 南辰 解本命厄 北斗 解一切厄
방액 사성 해사시액 남신 해본명액 북두 해일체액

〖 주왈(註曰) 〗

오행(五行)이 제대로 만나지 못하고 구요(九曜)가 실도(失度)를 하고 또한 운(運)이 형충(刑衝)하며 여러 신살(神殺)이 움직이면 모두 조화로움을 잃은 것이니라.

크게는 하늘이 노여워하고 땅이 꾸짖어 사람의 목숨이 위태로워지느니라.

삼관(三官 : 天, 地, 水官)과 오제(五帝), 사성(四聖), 이두(二斗 : 南斗, 北斗)께서 모든 것을 주관하므로 이 경(經)에 귀의(歸依)하여 주문(呪文)을 외고 부(符)를 사르면 일체의 액난(厄難)이 모두 풀리리라.

〖 의왈(義曰) 〗

삼계(三界) 가운데에서 사람이 가장 신령(神靈)스러우나 향상일보(向上一步)하는 것을 알지 못하느니라.

성신(星辰)이 서로 극전(尅戰)하여 사는 것이 힘들고 고생스럽게 되나니 급히 진문(眞文)에 귀의하면 삼원(三元)과 오제(五帝)께서 그 죄를 소멸하시느니라.

이 장(章)에서는 천존께서 재앙을 피하고 기도하는 법을 일러주신 것이니라.

석왈(釋曰)

여기에서의 말씀은 사람의 오행(五行)이 불리(不利)하고 구요(九曜)가 어지러운 것은 제다신살(諸多神殺) 때문이라는 것이니라. 그러나 여러 신살(神殺)들도 모두 천존의 칙명(勅命)을 따르느니라.

사람이 이와 같이 화환(禍患)을 만났을 때 이 경(經)을 독송한즉 천존께서 본인(本人)의 집의 사명육신(司命六神)[138]에게 명(命)을 내리느니라. 상청(上請)하면,

천관(天官)은 천액(天厄)을 풀고, 지관(地官)은 지액(地厄)을 풀고, 수관(水官)은 수액(水厄)을 풀고, 오제(五帝)는 오방액(五方厄)을 풀고, 사성(四聖)은 사시액(四時厄)을 풀고, 남신(南辰)은 본명액(本命厄)을 풀고, 북두(北斗)는 일체액(一切厄)을 푸느니라.

---

138 사명육신(司命六神) : 사람의 생사(生死)를 알리는 일을 주관하고 천(天)의 행화(行化)를 보좌하며 악(惡)을 벌주고 선(善)을 보호한다. 《초사(楚辭)》 구가(九歌) 中〉

삼관(三官), 오제(五帝), 사성(四聖), 남두(南斗), 북신(北辰)을 청(請)하는 것도 천존의 조정(朝庭)에 있는 분들이기 때문이니라. 그러므로 '상청(上請)' 한다는 것은 천존께서 맡으신 바 일이 광대함을 사람이 알게 하는 것이니라.

〖 찬왈(讚曰) 〗

천라지망(天羅地網)을 어찌 피할 수 있으리오.

흉성(凶星)이 나란히 임(臨)하여, 이를 소멸하고자 하면 성심(誠心)으로 천존님의 명호(名號)를 부르고 옥전(玉篆)과 금부(金符)를 그려 속히 불사르라.

〖 강왈(講曰) 〗

이 경은 음양(陰陽)이 불순(不順)하고 오행(五行)이 서로 거스르며 일기(日氣)가 조화롭지 못하여 전염병이 돌고, 집안이 불안하며, 육축(六畜)이 죽어 나가면 정성된 마음과 지극한 공경으로 제단(祭壇)을 만들고 경을 독송하라.

그리하면 외부의 사기(邪氣)가 침범하지 못하고, 전염병이 들어오지 못하며, 집안이 편안하고, 몸도 편안하나니 3일 혹은 7일 동안 북쪽을 향하여 경을 독송하고 부(符)를 태우면 신(神)이 음조(陰助)하느니라.

제4장
침아고질장(沈痾痼疾章)

천존(天尊)이 말씀하시대

사람이 오랜 병으로 자리에서 일어나지 못하고 고질병(痼疾病)이 심하여 날이 오래도록 낫지 않고 의사에게 치료를 받아도 효험이 없고, 오신(五神)[139]의 주장(主張)이 없고, 사지(四肢)를 거두지 못하는 것은 혹 오제삼관전(五帝三官前)이나 태산오도전(泰山五道前)이나 일월성신전(日月星辰前)이나 산림초목전(山林草木前)이나 영단고적전(靈壇古跡前)이나 성황사묘전(城隍社廟前)이나 이항정조전(里巷井竈前)이나 사관탑루전(寺觀塔樓前)이나 혹 지부삼십육옥(地府三十六獄)과 명관칠십이사(冥官七十二司)에 여러 원통하고 억울한 일로 지은 죄(罪)가 있어서 이로 인하여 얽히고 설키게 되었으며

---

139 오신(五神): 오장신(五臟神)을 말한다. 간(肝), 심(心), 비(脾), 폐(肺), 신(腎)을 다스리는 오신(五神).

혹 맹세코 원수를 갚기로 하여 원망하고 망하기를 비는 자로 인하여 보복을 받는 것이요, 혹은 빚을 많이 져서 갚는 소치라.

삼세(三世)에 지은 허물이 있어 여러 겁에 원수가 일어나서 그 재앙이 더욱 일어나며, 명부(冥府)에서 대면(對面)하고자 하나니 머리를 숙여 사죄하고 이 경(經)을 독송하라.

天尊 言 沈痾伏枕 痼疾壓身 積時弗瘳 求醫罔效 五
천존 언 침아복침 고질압신 적시불추 구의망효 오

神無主 四大不收 或是五帝三官之前 泰山五道之前
신무주 사대불수 혹시오제삼관지전 태산오도지전

日月星辰之前 山林草木之前 靈壇古跡之前 城隍社
일월성신지전 산림초목지전 영단고적지전 성황사

廟之前 里巷井竈之前 寺觀塔樓之前 或地府三十六
묘지전 이항정조지전 사관탑루지전 혹지부삼십육

獄 冥官七十二司 有諸冤枉 致此牽纏 或盟詛呪 誓
옥 명관칠십이사 유제원왕 치차견전 혹맹저주 서

之所招 或債垜負 償之所致 三世結釁 累劫興仇 埒
지소초 혹채타부 상지소치 삼세결흔 루겁흥구 날

其咎尤厚其執對 皆當首謝 卽誦此經
기구우사기집대 개당수사 즉송차경

사람이 고질병이 들어 베개에 엎어져 자리에서 일어나지 못하고 의사도 병을 고치지 못하는 것은 삼관오제(三官五帝)와 태산오도(泰山五道)와 일월성신(日月星辰)과 성황사묘(城隍社廟)와 이항정조(里巷井竈)와 영단고적(靈壇古跡)과 사관탑루(寺觀塔樓)와 오도제사(五道諸司)와 지부명관(地府冥官)과 산천초목(山川草木)에 이르기까지 이 모두에 토지신(土地神)이 있는데 이를 범(犯)한 까닭이라.

혹은 예전에 원통한 일로 허물이 있어 빚을 진 것이 목숨에까지 이르게 된 것이나, 혹은 다른 사람의 저주를 받고 있거나, 혹은 남에게 보복할 것을 맹세하여 여러 겁(劫)에 원수가 일어나 재앙이 생기느니라.

그러므로 스스로 그 죄상을 드러내어 참회하고 이 경을 독송한 후 부전(符篆)을 그려 불사르면 자연히 완쾌되리라.

〖 의왈(義曰) 〗

이 장(章)은 사람의 오래된 병을 말씀하신 것인데 서로 싸우는 것을 그치고 천존의 명호를 부르면 화(禍)가 없어지고 복(福)은 오나니 어찌 의심이 있으리오.

〖 석왈(釋曰) 〗

사람의 병이 오래되어 고질병이라 낫지 않고 세상의 약이 전혀 소용이 없으면 어떤 사람이 암암리에 흉측한 일을 하는 것이거나, 혹은 자신이 저주하거나, 혹은 남이 저주하거나, 혹은 전생(前

生)에 빚을 많이 지거나, 혹은 스스로 죄를 지은 것이니라.

그러므로 명부(冥府)에서 미워하여 심문하고자 하며, 대면(對面)하고자 하니 어찌 사면(赦免)이 되겠는가.

이럴 때 즉시 옥추경(玉樞經)을 독송하고 영부(靈符)를 사르면 편안해지느니라.

〖 찬왈(讚曰) 〗

음(陰)으로 양(陽)으로 죄를 지어서 업보(業報)로 고질병을 얻은 것이니 죄짓지 않고 경을 독송하고 부(符)를 태우는 것이 기도니라.

〖 강왈(講曰) 〗

이 경은 병이 몸을 떠나지 않아 오래되어 고질병으로 백방(百方)이 무효하고 이 병이 좀 나으면 다른 병이 생기고 하여 명의도 고치지 못하면 남쪽으로 백보(百步) 이상 떨어진 곳의 황토(黃土)를 가져다 집안 사방(四方)에 뿌리고 천존상(天尊像)을 모시거나 옥추령부 전(前)에 제수(祭需)를 차려놓고 7일을 독송하면 스스로 영험이 있게 되나니라.

제5장
관부장(官符章)

천존(天尊)이 말씀하시대

천관부(天官符)와 지관부(地官符)와 연월일시(年月日時)에 각각 관부(官符)가 있고, 방우향배(方隅向背)에도 관부가 있어 크게 일어나면 관부(官符)요, 작게 일어나면 구설(口舌)이라. 이것은 적백구설신(赤白口舌神)이 주장(主張)하기 때문이라.

무릇 모든 동작홍거(動作興擧)와 출입기거(出入起居)할 때에 꺼리는 것을(忌) 피함을 알지 못하여 관부와 구설을 만나게 되는데 사람으로 하여금 격동케 하고 시끄럽게 하며, 새벽이나 밤이나 마음을 달이고 태워서 말(言)로 다툼이 많이 일어나고, 면대(面對)하면 옳다 하고 돌아서면 그르다 하여 행동을 하려고만 하면 구설이 일어나니라.

또한 신명(神明)께 맹세하고 부처님께 고(告)해서 비

방하고 원망하며 마침내 서로 허물하고 시비(是非)하나
니 이로 말미암아 송사(訟事)가 일어나 형(刑)을 받게 되
느니라.

　만약 벗어나고자 할진댄 즉시 이 경(經)을 독송하면
마침내 구설(口舌)이 전부 없어지고 관부(官符)는 길이
쉬어지리라.

天尊 言 天官符 地官符 年月日時 各有官符 方隅向
천존 언 천관부 지관부 연월일시 각유관부 방우향

背 各有官符 大則官符 小則口舌 是有赤白口舌之神
배 각유관부 대즉관부 소즉구설 시유적백구설지신

以主之 凡諸動作興擧 出入起居 不知避忌 如遇官符
이주지 범제동작흥거 출입기거 부지피기 여우관부

口舌 則使人擊聒 曉夜煎燋 多招脣吻 面是背非 動
구설 즉사인격괄 효야전초 다초순문 면시배비 동

致口牙 盟神詛佛 始于謗讟 終于訴詆 由是 獄訟 生
치구아 맹신저불 시우방독 종우후저 유시 옥송 생

焉刑憲 存焉 若欲脫之 卽誦此經 遂得口舌 全消 官
언형헌 존언 약욕탈지 즉송차경 수득구설 전소 관

符永息
부영식

〖 주왈(註曰) 〗

　이 장(章)에서는 천존께서 여러 관부(官符)를 말씀하셨느니라.
적백구설신(赤白口舌神)이 하늘에서 세상의 악한 일들을 살피기

때문에 사람들이 정도(正道)를 닦지 아니하고, 공법(公法)을 두려워하지도 않고, 우레와 비를 업신여기기도 하므로 하늘에서 이 신(神)을 보내 사람을 흔드는 것이니라.

만일 사람이 이를 범하였으면 급히 이 경을 독송하고 부전(符篆)을 사르면 즉시 소멸되리라.

〖 의왈(義曰) 〗

사람이 움직이고 그치는데도 가부(可否)가 있는데 스스로 기미(機微)를 알지 못하므로 하늘에서 이러한 이치를 지었나니 범한 일이 있으면 이 경이 능히 벗어나게 하느니라.

〖 석왈(釋曰) 〗

천존(天尊)께서 광대(廣大)한 발원(發願)을 하시어 교화(敎化)를 펴지 않는 곳이 없느니라.

이 장(章)은 여러 관부(官符)에 관한 말씀인데 적백구설신(赤白口舌神)을 범(犯)하는 것은 쉽지만 풀기는 어려우니 사람이 한번 범(犯)하거나, 사람이 정도(正道)를 걷지 아니하고 법(法)을 우습게 보고 망동(妄動)하면 이 신(神)이 세력을 타고 생겨나느니라. 옥추보경(玉樞寶經)을 독송하고 옥전(玉篆)을 그려 사르면 자연히 화(禍)가 멸하리라.

천부(天符), 지부(地符)는 사람이 범해서는 아니 될 것이라.

흉한 송사(訟事)를 풀려면 경(經)을 세 번 읽고 부(符)를 세장 태우고 고(告)하라.

〖 강왈(講曰) 〗

이 경(經)은 구설(口舌)과 송사(訟事)가 일어나고 혹은 관부(官府)의 형(刑)을 받는 일이 생기고 혹은 신령전(神靈前)에 불경(不敬)하여 심신이 불안할 때에는 황지(黃紙)에 연월일시(年月日時) 사주(四柱)를 적어 동쪽 방 처마 밑에 묻고 3일 동안 독송하면 반드시 꿈에서 화(禍)를 면하는 방법을 일러 주느니라.

제6장
토황장(土皇章)

천존(天尊)이 말씀하시대

토황구루(土皇九壘)에 그 맡은 바 신(神)이 천이백이니 토후토백(土侯土伯)과 토공토모(土公土母)와 토자토손(土子土孫)과 토가권속(土家眷屬)이라.

토가(土家)의 권속에는

태세(太歲)와 장군(將軍)과 학신(鶴神)과 태백(太白)과 구량(九良)과 검봉(劍鋒)과 자웅(雌雄)과 금신(金神)과 화혈(火血)과 신황(身黃)과 당명(撞命)과 삼살(三殺)과 칠살(七殺)과 황번표미(黃旛豹尾)와 비렴도침(蜚廉刀砧)이 있으니 이와같은 것이 토가신살(土家神殺)이라.

만약 사람이 집을 수리하고 성조(成造)하는 데에 한번 범(犯)하면 곧 병(病)이 일어나 죽음에까지도 이르나니 잠깐이라도 이 경(經)을 독송하면 즉시 만신(萬神)이 전부 일어나 하늘에도 꺼릴 바 없고 땅에도 꺼릴 바 없

고 음양(陰陽)에도 꺼릴 바 없고 백사(百事)에도 꺼릴 바
없느니라.

天尊 言 土皇九壘 其司 千二百神 土侯土伯 土公土
천존 언 토황구루 기사 천이백신 토후토백 토공토

母 土子土孫 土家眷屬 若太歲 若將軍 若鶴神 若太
모 토자토손 토가권속 약태세 약장군 약학신 약태

白 若九良 若劍鋒 若雌雄 若金神 若火血 若身黃 若
백 약구량 약검봉 약자웅 약금신 약화혈 약신황 약

撞命 若三煞 若七煞 若黃旛豹尾 若蜚廉刀砧 如是
당명 약삼살 약칠살 약황번표미 약비렴도침 여시

等土家神煞 若人 興修卜築 一或犯之 卽致病患 以
등 토가신살 약인 홍수복축 일혹범지 즉치병환 이

迄喪亡 纔誦此經 則萬神 皆起 天無忌 地無忌 陰陽
흘상망 재송차경 즉만신 개기 천무기 지무기 음양

無忌 百無禁忌
무기 백무금기

〖 주왈(註曰) 〗

　사람이 집을 지을 때 신살(神殺)을 범(犯)하게 되나니 그 화(禍)
가 크면 목숨을 잃고, 작으면 관재(官災)가 일어나므로 어찌 삼가
지 않으리오.
　법도대로 부전(符篆)을 사르고 송경(誦經)을 함으로 기도하면
백 가지로 꺼릴게 없느니라.

〖 의왈(義曰) 〗

천존(天尊)께서 중생(衆生)을 불쌍히 여기심이 이와 같으니라. 비록 사람이 땅에서 태어나 땅에서 죽지만 땅이 해를 끼치는 것이 심한 것을 알지 못하느니라.

땅은 정(靜)함이 마땅하고 동(動)함은 마땅치 못함을 말하는 것이니라.

〖 석왈(釋曰) 〗

하늘이 땅을 덮고 있는 이치를 사람들은 알지 못하느니라.

우리 천존께서 구천지존(九天之尊)으로 삼계(三界)를 거느리시니 구루황군(九壘皇君)과 그 권속(眷屬)과 가신(家臣) 및 제다악살(諸多惡煞) 등이 사람을 해치는 것을 가벼이 여기지 않으시니라.

천존께서 옥문보전(玉文寶篆)을 용(用)하시어 그 신(神)들을 진압하여 물리치시니 세상 사람들이 집을 짓고 담장을 쌓는 등 어떠한 일을 하더라도 백사(百事)에 금기(禁忌)하는 바를 없이 하시니라.

〖 찬왈(讚曰) 〗

만물(萬物)이 모두 무기토(戊己土)[140]를 좇아 나왔으니 우연히라

---

140 무기토(戊己土) : 갑을병정무기경신임계(甲乙丙丁戊己庚辛壬癸)의 천간(天干) 중 무기(戊己)는 오행(五行)으로 토(土)에 속한다.

도 범(犯)하면 즉시 재앙이 일어나느니 우리 천존님의 진문(眞文)의 힘이 아니면 곳곳마다 백골(白骨)이 쌓일 것이라.

〖 강왈(講曰) 〗

세상 사람들은 금기(禁忌)하는 것을 피할 줄 모르느니라.

동토살(動土殺)을 건드리고, 주춧돌을 놓고 담장을 쌓으면 삼살 상문방(三殺喪門方)을 범(犯)해 집안이 불안하고 병이 연이어 일어나느니 옥추령부(玉樞靈符)를 집안에 사방으로 걸어 놓고 공경스런 마음으로 3일을 읽으면 악몽이 소멸하고 토살(土殺)이 길이 쉬게 되어 급병(急病)이 홀연히 낫느니라.

제7장
혼합장(婚合章)

천존(天尊)이 말씀하시대

세상 사람 부부(夫婦)가 혼인을 할 때에 함지살(咸池煞)을 범하고, 천구살(天狗煞)을 범하고, 삼형육해살(三刑六害煞)이 번갈아 교가(交加)하며, 고음과양살(孤陰寡陽煞)과 천라지망살(天羅地網煞)로 자식을 얻지 못하여 고독한 사람이 많으니라.

만약 자식을 얻고자 하면 즉시 이 경(經)을 독송하면 구천(九天)에 감생대신(監生大神)이 있어 신(神)을 부르고 바람을 껴잡아서 어진 자식을 얻게 하느니라.

해산을 할 때에는 태을신(太乙神)이 문(門)을 지키고 사명신(司命神)이 뜰에 내리나니 혹 남을 원통하게 한 허물이 있거나, 혹은 귀신이나 도깨비가 있거나, 혹 금기(禁忌)하는 바가 있거나, 혹은 흉액(凶厄)이 있어 해산하기 어렵거든 이 경(經)을 독송하면 구천위방성모(九天衛

房聖母)가 묵묵히 안아(抱) 보내므로(送) 물에 담긴 대야에 임해도 경사(慶事)가 있고 풀밭에 앉더라도 근심이 없으리라.

　무릇 강보에 싸인 어린아이가 전단신왕(旃檀神王) 자리 밑에 십오종(十五種)의 귀신의 괴롭힘과 해(害)를 당하여 놀라 경기를 일으키거든 마땅히 이 경(經)을 독송할지니라.

天尊 言 世人夫婦 其於婚合 或犯咸池 或犯天狗 三
천존 언 세인부부 기어혼합 혹범함지 혹범천구 삼

刑六害 隔角交加 孤陰寡陽 天羅地網 艱於嗣息 多
형육해 격각교가 고음과양 천라지망 간어사식 다

是孤獨 若欲求男 卽誦此經 當有九天 監生大神 招
시고독 약욕구남 즉송차경 당유구천 감생대신 초

神攝風 遂生賢子 於其生産之時 太乙 在門 司命 在
신섭풍 수생현자 어기생산지시 태을 재문 사명 재

庭 或有冤愆 或有鬼魅 或有禁忌 或有凶厄 致令難
정 혹유원건 혹유귀매 혹유금기 혹유흉액 치령난

産 讀誦此經 卽得 九天衛房聖母-默與抱送 故能臨
산 독송차경 즉득 구천위방성모 묵여포송 고능임

盆有慶 坐草無虞 凡有嬰孩 在於襁褓 爲旃檀神王座
분유경 좌초무우 범유영해 재어강보 위전단신왕좌

下 一十五種鬼 加諸惱害 因多驚癎 宜誦此經
하 일십오종귀 가제뇌해 인다경간 의송차경

【속혼합장(續婚合章)】

삼가 부처님의 장경(藏經)을 살펴보면 호제동자경(護諸童子經)에 전단신왕(旃檀神王) 좌하(座下)에 15종의 귀(鬼)의 모습이 실려 있느니라.

항상 세간(世間)을 떠돌아 다니면서 갓난 아이에게 공포를 주고 어린아이에게 무서운 모습을 보이나니 성심으로 송경(誦經)하고 부전(符篆)을 사르면 이러한 화환(禍患)을 면하리라. 부전은 혼합장 제7의 부(符)를 쓰느니라.

첫번째 이름은 미주가귀(彌洲迦鬼)이니 모습은 소와 같고 아이에게 붙어서 눈동자를 뒤집히게 하느니라.

두번째 이름은 미가왕귀(彌迦王鬼)이니 모습은 사자와 같고 아이에게 붙어서 자주 토하게 하느니라.

세번째 이름은 건타(騫陀)이니 모습은 구마라천(鳩魔羅天)과 같고 두려움을 주어 아이의 어깨를 흔들리게 하느니라.

네번째 이름은 아파실마라(阿波悉魔羅)이니 모습은 들여우와 같고 아이에게 붙어서 입에서 거품이 나오게 하느니라.

다섯번째 이름은 모치가(牟致迦)이니 모습은 원숭이와 같고 아이에게 붙어서 주먹을 쥐고 펴지 못하게 하느니라.

여섯번째 이름은 마치가(魔致迦)이니 모습은 나찰녀와 같고 아이에게 붙어서 스스로 자기 혀를 깨물게 하느니라.

일곱번째 이름은 사미가(闍彌迦)이니 모습은 말과 같고 아이에게 붙어서 울다가 웃다가 하게 하느니라.

여덟번째 이름은 가미니(迦彌尼)이니 모습은 부녀자와 같고 아이에게 붙어서 여자들에게 붙기를 좋아하게 하느니라.

아홉번째 이름은 이파지(梨婆坻)이니 모습은 개와 같고 아이에게 붙어서 가지가지 어지러운 얼굴 표정으로 울게 하느니라.

열번째 이름은 부다나(富多那)이니 모습은 돼지와 같고 아이에게 붙어서 자다가 놀래어 울게 하느니라.

열한번째 이름은 만다난제(曼多難提)이니 모습은 새끼고양이와 같고 아이에게 붙어서 자다가 웃고, 울게 하느니라.

열두번째 이름은 사구니(舍究尼)이니 모습은 까마귀와 같고 아이에게 붙어서 젖을 먹지 않게 하느니라.

열세번째 이름은 건타파니(犍咤波尼)이니 모습은 닭과 같고 아이에게 붙어서 목소리가 막히고 설사를 하게 하느니라.

열네번째 이름은 목거만다(目佉曼茶)이니 모습은 여우와 같고 아이에게 붙어서 때때로 열이 나고 설사를 하게 하느니라.

열다섯번째 이름은 남파(藍婆)이니 모습은 뱀과 같고 아이에게 붙어서 트림과 딸꾹질을 하게 하느니라.

〖 주왈(註曰) 〗

세상 사람들이 혼인하여 아이를 낳아 기르는데 다 신살(神殺)이 있나니 방향(方向)을 알지 못하여 태세(太歲)를 피하지 못하고 우연히라도 범(犯)함이 있으면 그 화가 적지 않느니라.

그러면 급히 경(經)을 외우고 부(符)를 태우는 기도를 하면 자연히 편안하리라.

〖 의왈(義曰) 〗

길(吉)과 흉(凶)의 두 길은 윗니와 아랫니의 관계와 같나니 혹여 부부가 화목하지 못하고 자식을 기르기 어려울 때 천존의 명호를 부르면 반드시 문제가 풀리리라.

〖 석왈(釋曰) 〗

구천(九天)이 '크다(大)' 함을 앞에서는 '현묘(玄妙)하다' 라고 해석했느니라.

그러나 이 장에서는 사람이 혼인을 하여 자식을 낳아 기르는 것도 천존의 조정(朝庭)에 속한 것임을 말하는 것이며 혼인하여 자식을 낳고 기르는 것이 작은 일이 아니니라.

세상 사람들은 남녀가 멋대로 합하는 것이 부질없음을 모르므로 그릇된 일이 많느니라.

만일 범한 일이 있으면 지아비는 북(北)으로 아내는 남(南)으로 내달리니 자식을 얻기 어려우니라.

마땅히 보경(寶經)을 외고 영부(靈符)를 사른 즉 범한 것이 풀려 부부간에 자연 화목해지고 자손이 창성(昌盛)하리라.

〔 찬왈(讚曰) 〕

부부의 인륜(人倫)이 크고 자식으로서의 부모의 은혜가 지중한데 가도(家道)가 바로 서 화목하자면 옥추문(玉樞文)에 귀의하여 경배해야 하리.

〔 강왈(講曰) 〕

혼인하고 나서 집안이 시끄럽고 구설(口舌)이 생기며 혹은 남편이 반목(反目)하고 부인이 처신을 잘못하거나 혹은 출산이 어려우면 동쪽의 복숭아 나뭇가지를 꺾어 주사(朱砂)로 '황백대장군(黃白大將軍)' 다섯 자를 써서 지붕 위에 꽂아두고 7일 동안 외출하지 않고 이 경을 외우면 제살(諸煞)이 길이 쉬리라.

제8장
조서장(鳥鼠章)

천존(天尊)이 말씀하시대

만약 사람이 거주(居住)하는 데에 새와 쥐가 요망한 짓을 하고, 뱀과 벌레가 재앙을 생기게 하며, 벽돌과 기와가 떨어지며, 닭과 개를 놀래고 희롱하여 제사(祭祀)를 요구하며, 형체 없는 그림자 같은 것으로 겁주고, 꿈에서도 핍박하며, 심지어는 감히 간악한 도적까지 집으로 끌어들여 저희들 소굴을 삼으며, 사람을 미혹시키고 집안을 맑지 못하게 하며, 밤에는 대들보에서 휘파람 소리를 내고 낮에는 방을 엿보며, 소, 말, 개, 돼지를 병들게 하고, 화(禍)가 집안 사람들에게도 연이어 일어나며, 재앙이 짐승 새끼 치듯 일어나고, 음탕한 사당(祠堂)과 요망한 토지신(土地神)도 무리를 지어 간악스러우면 조객(弔客)이 늘어나고 상여가 줄을 잇나니 이 경(經)을 독송하면 귀신의 정(精)을 없애 시원해지고 사람과 동물이 모두 편안해지느니라.

天尊 言 若人居止 鳥鼠－送妖 蛇蟲 嫁孼 抛磚擲瓦
천존 언 약인거지 조서 송요 사충 가얼 포전척와

驚鷄弄狗 邀求祭祀 以至影脅夢逼 及於奸盜 而敢據
경계롱구 요구제사 이지영협몽핍 급어간도 이감거

其所居 以爲巢穴 遂使生人 被惑 庭戶不淸 夜嘯於
기소거 이위소혈 수사생인 피혹 정호불청 야소어

樑 晝瞰其室 牛馬犬豕 亦遭瘟疫 禍連骨肉 災及孶
량 주감기실 우마견시 역조온역 화련골육 재급자

生 淫祠妖社 黨庇神奸 弔客 頻仍 喪車疊出 若誦此
생 음사요사 당비신간 조객 빈잉 상거첩출 약송차

經 卽使鬼精 滅爽 人物 咸寧
경 즉사귀정 멸상 인물 함령

『 주왈(註曰) 』

집안에 이와 같은 일이 일어나는 것은 삼강오륜(三綱五倫)의 도
리를 다하지 못하고 멋대로 살며, 천지신명(天地神明)을 경외(敬
畏)하지 않고, 육식(肉食)과 오신채(五辛菜)를 마음대로 먹으며 음
(淫), 살(殺), 도(盜)를 자행하고, 법(法)을 지키지 않으며 오로지 사
리사욕만을 위해 생활하는 등 불선(不善)한 행동만을 일삼기 때문
이라.

그러므로 귀(鬼)도 미워하고 신명(神明)도 싫어하므로 요사(妖
邪)한 귀신이 다투어 일어나느니라.

만약 지은 허물을 머리를 숙여 참회하고 이 경을 독송하며 부

(符)를 사르면 즉시 화란(禍亂)이 그치고 사람과 동물이 모두 편안
해지리라.

〖 의왈(義曰) 〗

벽이 무너지면 도둑이 들고 업(業)이 중(重)하면 귀신이 오나니
육축(六畜)으로 하여금 재앙을 일으켜 가신(家神)이 이롭지 못하
느니라.

작은 일이 아니므로 천존께서 큰 은혜를 주셨으니 경문(經文)
을 많이 읽으면 그 화(禍)가 그치느니라.

〖 석왈(釋曰) 〗

정기(正氣)는 하늘과 같으니 사마(邪魔)가 감히 범(犯)할 수나 있
으랴.

그러나 사람들이 집안을 다스림에 이치에 어긋나게 하여 신
(神)의 혼(魂)을 더럽혀 육신(六神)이 살지 못하게 한 즉 사기(邪氣)
가 틈을 보고 들어오느니라.

혹은 쥐의 정(精)이나 뱀의 정혼(精魂)이 기와를 떨어뜨려 짐승
을 놀라게 하고 끊임없이 피를 먹으며 심지어 몽매한 사람에게
까지 피해를 주므로 그 화(禍)가 심하니라. 혹은 물건의 자리를
바꾸어 놓는 등 대개 이러한 일들을 벌이느니라.

방자한 뜻으로 사람의 영(靈)을 껴잡아 상문조객(喪門弔客)이

줄을 잇나니 이런 일들이 벌어지면 보경(寶經)을 외고 옥부(玉符)를 사르면 사람과 동물이 모두 편안하리라.

〖찬왈(讚曰)〗

스스로 악(惡)을 지으니 삿된 귀신 역시 그러하며
스스로 선처(善處)에 돌아오니 이것이 즉 천행(天行)이라.
사람이 이같은 어려움을 만나게 되면
보경(寶經)을 독송하고 영부(靈符)를 그려 사름이 마땅하리.

〖강왈(講曰)〗

악몽을 밤마다 꾸며 육축(六畜)이 이상한 행동을 하거나 혹은 도둑이 자주 들고, 간악한 사람이 희롱하며 해를 입혀 심신(心神)이 항상 위축되면 황금(黃金), 우황(牛黃), 백은(白銀)을 싸서 대들보에 매달고 서방(西方)의 백토(白土)를 가져다 마당에 묻고 옥추령부(玉樞靈符)를 마당 가운데에서 태우며 경을 외우면 3일을 지나지 않아 응험하리라.

제9장
벌묘견수장(伐廟遣祟章)

천존(天尊)이 말씀하시대

구천뇌공장군(九天雷公將軍)과 오방뇌공장군(五方雷公將軍)과 팔방운뢰장군(八方雲雷將軍)과 오방만뢰사자(五方蠻雷使者)와 뇌부총병신장(雷部總兵神將)과 막잠판관(莫賺判官)이 호령(號令) 발(發)하기를 풍화(風火)같이 하여

사당(祠堂)을 치고 단(壇)을 쳐서 요망함을 없애고 재앙을 없이하나니 계세말법(季世末法)에 요망한 무당이 많이 생겨나 사법(邪法)이 유행(流行)하여 요망(妖妄)한 귀신에게 방자스럽고 잠꼬대 같은 기도를 하느니라.

이러한 까닭에 상청(上淸)에 귀신을 가두는 천상(天上)이 있고 간악함을 기록하는 뜰이 있으며, 제군(帝君)이 요망한 귀신을 묶고 삿됨을 헤아리는 방(房)이 있나니 능히 이 경(經)을 독송하면 소리가 울리듯 응(應)함이 있

으리라.

天尊曰 九天雷公將軍 五方雷公將軍 八方雲雷將軍
천존왈 구천뢰공장군 오방뢰공장군 팔방운뢰장군

五方蠻雷使者 雷部總兵神將 莫賺判官 發號施令 疾
오방만뢰사자 뇌부총병신장 막잠판관 발호시령 질

如風火 有廟可伐 有壇可擊 有妖可除 有崇可遣 季
여풍화 유묘가벌 유단가격 유요가제 유수가견 계

世末法 多諸巫覡 邪法流行 陰肆魘禱 是故 上淸 乃
세말법 다제무격 사법유행 음사염도 시고 상청 내

有天延禁鬼錄奸之庭 帝猷束妖考邪之房 能誦此經
유천연금귀록간지정 제유속요고사지방 능송차경

其應如響
기 응 여 향

〖 **주왈(註曰)** 〗

　옥추보경 천경(天經) 9장(章), 지경(地經) 15장(章)을 합해서 모두 24장인데 21장이 '천존 언(言)'으로 되어있고 이 장만이 '천존 왈(曰)' 로 되어 있느니라.

　뇌공(雷公), 장군(將軍), 사자(使者), 판관(判官)이 호령(號令) 발(發)하기를 풍화(風火)같이 하여 소리에 응하는 메아리처럼 위덕(威德)을 떨치는 것을 말씀하시기에 '왈' 이라고 하신 것이니라.

　무당과 박수의 무리가 사술(邪術)을 행하며, 망령되고 요사한 말을 하며, 삿된 기도를 하여 부부사이를 갈라지게 하고 여자들을 미혹시켜 떠돌아다니며 남자들과 합(合)하게 하느니라.

이러한 요망한 무당을 만났을 때 보경(寶經)을 독송하고 부(符)를 사르면 뇌사(雷司)에서 그 귀신을 쳐 없애는 것이 소리가 울리듯 응(應)함이 있어 사람이 편안함을 얻느니라.

〖 의왈(義曰) 〗

천지(天地)는 사사로움이 없으니 오직 덕(德)으로 살아가야 하느니라.

선악의 과보(果報)는 그림자와 메아리와 같나니 도(道)를 공부하는 사람은 천심(天心)을 체(體)받아 마음을 밝혀야 하나니 그리하면 화환(禍患)과 근심이 사라지고 복록(福祿)이 쌓이게 되느니라.

〖 석왈(釋曰) 〗

이 장(章)은 천존께서 스스로 뇌사의 성(聖)스러움을 말씀하신 것이니라.

이와 같이 귀신(鬼神)을 주살(誅殺)하고 사귀(邪鬼)를 참(斬)하며, 구름을 일으키고 비를 내리는 것이 모두 우리 천존께서 아래에 칙명을 내려서 행하는 것이니라.

지금에 이르러 도(道)와 속(俗)을 나누기 어려운 지경인데 혹 부정(不正)한 술(術)로 인륜(人倫)을 무너뜨리고 천률(天律)을 범하는 일을 보면 이 경을 외우고 부(符)를 태운 즉 소리에 응하듯 할 것이니 어찌 공경치 않고 두려워하지 않으리오.

〖 찬왈(讚曰) 〗

　　뇌사(雷司)에서 선과 악을 밝게 밝혀

　　악한 것만 골라내어 주살(誅殺)하니

　　사법(邪法)의 침해를 받거든

　　오직 옥추보경을 많이 독송해야 하리.

〖 강왈(講曰) 〗

　　집안에 귀요(鬼妖)가 어지럽게 하여 밤에 부르는 소리를 내어 사람을 미치게 하며, 눈에 괴이한 것을 보이게 하여 오심(五心)을 난동케 하고, 미친 말을 하게 하는 등 이와 같은 것은 귀신으로 인한 재앙이니라.

　　벼락 맞은 대추나무를 손에 쥐고 3일 혹은 7일 혹은 7·7일 혹은 100일 동안 경을 외면 병이 낫고 귀신이 소멸하느니라.

제10장
고로채장(蠱勞瘵章)

천존(天尊)이 말씀하시대

천온지온(天瘟地瘟)이 스물다섯가지 염병이 있고

천고지고(天蠱地蠱)가 스물네가지 벌레의 독(毒)이 있으며 천채지채(天瘵地瘵)가 서른여섯가지 허로병(虛勞病)이 있나니

능히 이 경(經)을 독송하면 즉시 염병기운이 청정해지며, 벌레로 인한 독(毒)이 소제(消除)되고, 허로병은 평온하게 회복되느니라.

병(病)이 난 것이 또한 그 연유(緣由)가 있느니라.

혹자(或者)는 전에 죽은 땅 귀신(祗鬼)이 다시 연이어 일어나거나

혹자는 죽은 시체의 기운을 쏘이거나

혹자는 무덤으로 시비하여 마음을 쓰거나

혹자는 죽은 혼(魂)이 더럽히고 어지럽게 하거나

혹자는 죽은 시체의 기운에 마음이 감응되거나 하면

무릇 이와같은 귀신들이 혹 슬피 생각하며

혹은 성을 내고 한(恨)스러워 하여

사람을 붙잡아 허물을 빙자해 달려들어

틈을 엿보다가 때가 되면 병을 짓게 함이라.

그러므로 이 경(經)은 위로는 삼천(三天)에 통하고

아래로는 구천(九泉)에 통하여 가히 혼(魂)을 천도하여 청정케하고

7대(代), 9대(代) 조상(祖上)들까지 천도하나니

태상(太上)이 흰 수레 탄 백마대장군(白馬大將軍)을 보내 살피시니라.

天尊 言 天瘟地瘟 二十五瘟 天蠱地蠱 二十四蠱 天
천존 언 천온지온 이십오온 천고지고 이십사고 천

瘵地瘵 三十六瘵 能誦此經 卽使瘟瘟 清淨 蠱毒消
채지채 삼십육채 능송차경 즉사온황 청정 고독소

除勞瘵 平復 亦有其由 或者先亡復連 或者伏屍故氣
제노채 평복 역유기유 혹자선망부련 혹자복시고기

或者塚訟墓注 或者死魂染惹 或者屍氣感招 凡此鬼
혹자총송묘주 혹자사혼염야 혹자시기감초 범차귀

神或悲思 或恚恨 牽連執證 倂緣注射 乘隙伺間 乃
신혹비사 혹에한 견련집증 병연주사 승극사간 내

得其便 故 此經者 上通三天 下徹九泉 可以追薦魂
득기편 고 차경자 상통삼천 하철구천 가이추천혼

爽 超度祖玄 太上 遣素車白馬大將軍 以鑑之
상 초 도 조 현 태 상 견 소 거 백 마 대 장 군 이 감 지

〖 주왈(註曰) 〗

무릇 사람에게 온(瘟), 고(蠱), 채(瘵)의 병으로 인한 큰 근심이 있는데 모두 병이 일어나는 까닭이 있느니라.

심하면 한 가문이 멸(滅)하고, 육친(六親)마저도 그렇게 되나니 성심으로 독경하고 부(符)를 태우면 뇌사(雷司)에서 소거백마장군(素車白馬將軍)을 보내 병을 뿌리 뽑아 그러한 고통에 빠지지 않게 하시느니라.

〖 의왈(義曰) 〗

온(瘟), 고(蠱), 채(瘵)의 병은 스스로 오느니라.

다만 정성스런 마음으로 스스로를 정결하게 하고 진문(眞文)을 독송하며 천존(天尊)께 예를 올리면 이러한 고통을 겪지 않느니라.

〖 석왈(釋曰) 〗

온(瘟)은 부정지기(不正之氣)요, 고(蠱)는 그림자 없는 벌레며, 채(瘵)는 고치기 어려운 병인데 이 세 가지는 우리 천존께서 스스로 온다고 하셨느니라.

세 가지는 땅 귀신이 다시 연이어 일어나 병들게 하고, 시체의

기운을 쏘이고, 무덤으로 다투는 것인데 무덤으로 다투는 것은 귀신끼리 서로 부르기 때문이니라.

'다시 연이어 일어난다(復連)' 함은 천지의 대액(大厄)인데 사람들이 기도하여 푸는 법을 몰라 가문이 멸망하느니라.

'무덤으로 다툰다(塚訟)' 란 7대(代)까지의 조상의 원한과 허물로 일어나는 것이니라.

'시체의 기운에 쏘인다(屍氣)' 란 지상(地上)에 원래 있는 것인데 오래된 관(棺)에서 아주 작은 벌레가 생겨 날아다니다 음식에 들어가거나 혹은 그릇에 붙었다가 사람이 음식을 먹으면 독을 일으키느니라.

거처를 옮기고 경을 외고 부(符)를 태우면 소멸되리라.

〖 찬왈(讚曰) 〗

천지의 온(瘟), 고(蠱), 채(瘵)의 병이 큰 고통인데 그런 화(禍)가 생기는 것도 이유가 있으니 이것 역시 스스로 만든 것이라.

만일 현문(玄文)을 외면 7대(代)에 맺힌 화도 소멸시키나니 백마장군(白馬將軍)께서 능히 없애느니라.

〖 강왈(講曰) 〗

온역(瘟疫)이 크게 일어나면 앓고 죽고 하는데 장사 지낸 후에 집안이 이롭지 못하고, 병이 연이어 일어나며 집안에 괴이한 것이 고요한 밤에 나타나면 북두(北斗)를 향하여 정수(淨水)를 올리고 향을 태우며 송경하면 여러 재앙이 소멸하고 밝은 신(神)이 꿈에서 알려주나니 적선(積善)하면 대길(大吉)하리라.

제11장
원행장(遠行章)

천존(天尊)이 말씀하시대

만약 사람이 행장을 꾸려 멀리 행(行)하매

간악한 도적의 무리가 달려들고 오병(五兵)이 가해(加害)하며 육지로 행한 즉 호랑이와 이리와 산도깨비와 여우귀신이 이빨을 갈며 달려들고, 물로 행한 즉 이무기와 자라의 유(類)가 입을 벌리고 달려들며 혹 물에 원통한 혼(魂)이 있어 침노하고, 혹 바람이 불어 큰 물결이 일어나면 사람의 목숨을 빼앗을 기회가 생겨 전에 죽은 것이 후에 귀신이 되어 삶을 탐해 사람을 대신 죽이려고 하느니라.

능히 이 경(經)에 귀의(歸依)하여 정성을 다하면 수륙(水陸)의 길이 평탄하고 편안하여 행장(行藏)이 화(和)하고 길(吉)하리라.

天尊 言 若或有人 治裝遠行 賊盜騁奸 五兵加害 陸
천존 언 약혹유인 치장원행 적도빙간 오병가해 육

行則虎狼魈蚻 磨其牙 水行則蛟龍黿鼉 - 張其頤 或
행 즉 호 랑 소 역 마 기 아 수 행 즉 교 룡 원 타　장 기 이　혹

灘瀨 有幽枉之魂 或風濤 有劫數之會 前亡後化 捉
탄 뢰 유 유 왕 지 혼 혹 풍 도 유 겁 수 지 회 전 망 후 화 착

生代死 能於此經 歸命投誠 故得水陸平康 行藏 協
생 대 사 능 어 차 경 귀 명 투 성 고 득 수 륙 평 강 행 장 협

吉
길

【 주왈(註曰) 】

무릇 사람이 육로(陸路)로 길을 나설 때 도적과 병사(兵士)를 만
나고, 혹은 뱀이나 호랑이나 악한 여우나 산도깨비 등을 만나고,
수로(水路)로 갈 때 이무기나 자라나 악어 등을 만나고, 풍랑이 일
어나 물에서 죽은 혼백(魂魄)들이 삶을 탐해 사람을 대신 죽이려
고 하거나, 혹은 죽음에 직면하는 위험한 상황에 처하거나, 혹은
표류하여 다른 지방으로 가는 등 숱한 일이 일어나느니라.

그러므로 항상 부전(符篆)을 지니고 있으면 물도 괜찮고 불도
괜찮으며 천존님의 명호를 부르면 여러 가지 액(厄)을 면하느니
라.

【 의왈(義曰) 】

출입동정(出入動靜)에 마땅히 삼가고 삼가할지라.
마음을 정갈히 하고 이 경과 부를 받들어 지니니

어찌 그런 화환(禍患)이 일어날 수 있겠는가.

〖석왈(釋曰)〗

동(動)할 때나 정(靜)할 때나 가거나 머무르거나 항상 삼가하고 조심해야 하느니라.

길흉회린(吉凶悔吝)이 전부 동(動)하는 데서 생기므로 한번 동하면 '길(吉)' 한 자만 좋고 나머지 '흉회린(凶悔吝)' 세 자는 좋지 못하니라. 출입(出入)함에 어찌 삼가하지 않으리오.

원행(遠行)할 때는 반드시 보경(寶經)을 독송하고 부(符)를 지니면 길하여 이롭지 않음이 없느니라.

〖찬왈(讚曰)〗

세상을 살아가는데 수륙행장(水陸行藏)이 없을 수 없는데 귀신이 어지럽게 하며 몰래 일을 꾸미나니 보화천존(普化天尊)의 명호를 부르고 진왕(眞王)의 옥전부(玉篆符)를 지니고 있어야 하리.

〖강왈(講曰)〗

사람이 먼 길을 떠나매 배를 탈 때에는 반드시 옥추령부를 지니고 행장(行裝) 속에 옥추보경을 간직해야 하느니라.

그러면 배를 타도 안전하고 도둑도 달려들지 못하며 귀마(鬼魔)도 침범하지 못하느니라.

병란(兵亂)을 만나도 보경을 독송하고 부(符)를 지니면 제신(諸神)이 암암리에 호위하여 홀로 어려움이 없나니 삼가하고 삼가해야 하느니라.

이사하는 경우에는 이사하기 3일 전에 송경(誦經)하고 가야 하느니라.

제12장
항양우택장(亢陽雨澤章)

천존(天尊)이 말씀하시대

양기(陽氣)가 지나치게 승(勝)해 날이 심히 가물어 비올 기약이 없거든 이 경(經)에 머리를 숙이고 축원(祝願)하면 때를 응(應)하여 단비가 오고,

음기(陰氣)가 지나치게 승(勝)해 비가 너무 자주와 홍수가 지거든 이 경(經)에 머리를 숙이고 축원하면 때를 기다려 날이 맑게 개느니라.

축융(祝融)[141]이 화(禍)를 부채질하여 사람들의 집에 불(火)을 날리며, 붉은 쥐[142]가 성(城)을 돌아다니며 불을 내 사람들을 놀라게 하더라도 이 경(經)이 가히 물리칠 것이요,

---

141 축융(祝融) : 불을 맡은 큰 신(神).
142 적서(赤鼠) : 화중(火中)의 짐승.

해약신(海若神)[143]이 법도를 잃어 물고기와 자라가 망동(妄動)하고 홍수가 하늘까지 차서 백성들이 빠져 죽게 되면 이 경(經)이 가히 비를 그치게 하느니라.

天尊 言 亢陽爲虐 雨澤愆期 稽顙此經 應時甘澍 積
천존 언 항양위학 우택건기 계상차경 응시감주 적

陰爲霠 雨水浸淫 稽顙此經 應時朗霽 祝融扇禍 飛
음위려 우수침음 계상차경 응시랑제 축융선화 비

火民居 赤鼠游城 驚爇黎庶 此經 可以禳之 海若 失
화민거 적서유성 경설려서 차경 가이양지 해약 실

經魚鱉妄行 洪水滔天 民生墊溺 此經 可以止之
경어별망행 홍수도천 민생점익 차경 가이지지

【 주왈(註曰) 】

천존(天尊)께서 군생(群生)들을 자애(慈愛)하심이 절절(切切)하니라.

오래도록 가물거나 장마가 지속되는 것은 천지(天地)의 기(氣)가 조화롭지 못하기 때문이라.

이로 인해 백성들의 어려움이 형용할 수 없는 지경인데 삼계(三界)의 진노(震怒)로 물이 범람하여 산조차 무너지는 것이라. 축융(祝融)이 화(禍)를 부채질하며, 새와 쥐가 요망한 짓을 하여 사람들을 불안하게 하더라도 이러한 때에 이 경을 독송하고 부전

---

143 해약(海若) : 해신(海神)의 이름.

(符篆)을 사르면 비가 그치고 날이 개어 백성들이 안심하게 되느니라.

〖 의왈(義曰) 〗

음양(陰陽)이 조화롭지 못하여 가뭄과 홍수가 일어나나니
이것이 천사(天司)의 영이 아니라고 말하지 말라.
중생들의 악업(惡業)으로 기(氣)가 쇠(衰)하지 않는 것이고
정진지도(正眞之道)를 받들지 않기 때문이니라.
천존께서 생생지심(生生之心)으로 조화력을 나투시어
군생(群生)들을 길이 살리시니 찬탄하고 또 찬탄해도 부족하니라.

〖 석왈(釋曰) 〗

흐린 날이 개고 어두운 날이 밝아지는 것이 작은 일이 아니니라.
위로는 천정(天庭)에 매이고 아래로는 동부(洞府)에 관계되나니
음양이기(陰陽二氣)가 조화롭지 못함과 같나니라.
이와 같이 홍수와 가뭄이 들면 뜻있는 사람은 도량(道場)을 엄숙히 차려서 영문(靈文)을 외고 옥전(玉篆)을 사르면 가물면 비가오고 홍수에는 날이 개느니라.

홍수와 가뭄이 재앙인데 천지(天地)를 여는 것이 가(可)하니라. 성심으로 송경(誦經)하면 청명해지기도 하고, 감로(甘露)같은 비가 내리기도 하니라.

〔강왈(講曰)〕

장맛비가 연일 계속되어 수해(水害)가 적지 않으면 즉시 이 경을 독송하고 주사(朱砂)로 황목(黃木)에 구천응원뇌성보화천존퇴운산우비(九天應元雷聲普化天尊退雲散雨碑)라고 써서 옥상에 꽂아두면 집들이 파손되지 않고, 물이 집안에 들어오지 못하며, 물에 빠지지도 않고 사충(蛇虫)들은 멀리 도망가 숨느니라.

제13장
면재횡장(免災橫章)

천존(天尊)이 말씀하시대

세상 사람이 삼재(三災)와 아홉 가지 횡액(九橫)을 면하고자 하거든 곧 고요한 밤에 북신성(北辰星)에 머리를 조아리라.

북신성 위에 삼태성(三台星)이 있으니 그 별이 나란히 도는 모습이 마치 두 눈과 같은데 첩첩이 세 등급이 되어 두괴(斗魁)를 덮었나니

이것을 천계(天階)라 이름하나니라.

만약 사람이 천계성을 보게 되면 생전(生前)에 감옥에 갇힐 걱정이 없고 사후(死後)에 악도(惡塗)에 빠지는 고통이 없느니라.

북두(北斗) 중에 다시 존제이성(尊帝二星)이 있어 크기가 수레바퀴만 한데 만약 사람이 이 별을 보게 되면 육신을 이 세상에 길이 보전하여 장생(長生)하는 신선(神

仙)이 되나니 이 경에 귀의(歸依)하여 마음을 북극(北極)에 정성 드리면 곧 명감(冥感)이 있느니라.

북두(北斗)가 하늘의 중심이 되고 그 가운데에 천강성(天罡星)이 있으니 안에는 염정성(廉貞星)이 있고 밖에는 파군성(破軍星)이 있느니라.

뇌성십이문(雷城十二門)이 나란히 천강성이 가리키는 곳을 따르니 천강성이 축방(丑方)을 가리키면 천강성은 미방(未方)에 있나니 가리키는 곳은 길(吉)하고 천강성이 있는 곳은 흉(凶)하니라.

나머지 방위(方位)도 다 그러하니 만약 사람이 이 별을 한번 보게 되면 수(壽)를 가히 천세(千歲)에 보전하리라.

天尊 言 世人 欲免三災九橫之厄 即於靜夜 稽首北
천존 언 세인 욕면삼재구횡지액 즉어정야 계수북

辰 北辰之上 上有三台 其星 並躔 形如雙目 疊爲三
신 북신지상 상유삼태 기성 병전 형여쌍목 첩위삼

級 以覆斗魁 是名天階 若人見之 生前 無刑囚之憂
급 이부두괴 시명천계 약인견지 생전 무형수지우

身後不淪沒之苦 斗中 復有尊帝二星 大如車輪 若人
신후불윤몰지고 두중 부유존제이성 대여거륜 약인

見之 留形住世 長生神仙 歸命此經 投心北極 即有
견지 유형주세 장생신선 귀명차경 투심북극 즉유

冥感 斗爲天樞 中有天罡 在內則爲廉貞 在外則爲破
명감 두위천추 중유천강 재내즉위염정 재외즉위파

軍 雷城十二門 並隨天罡之所指 罡星 指丑 其身 在
군 뇌성십이문 병수천강지소지 강성 지축 기신 재

未 所指者吉 所在者凶 餘位皆然 若人見之 壽可千
미 소지자길 소재자흉 여위개연 약인견지 수가천

歲
세

〖 **주왈**(註曰) 〗

북신(北辰)은 북신성(北辰星)[144]을 말하느니라.

신성(辰星)에 오위(五位)가 있으니 곧 제좌성(帝座星)인데 제좌
성은 움직이지 않고 뭇 별이 그 주위를 도느니라.

또 북두칠성(北斗七星)은 하늘의 중앙에 위치하여 하늘의 추뉴
(樞紐)며 사시(四時)의 운행을 주관하느니라.

천지일월(天地日月)과 오성(五星)과 뭇 별들과 육갑(六甲)과 이
십팔수(二十八宿)와 제선중진(諸仙重眞)을 다스리고 아래로는 사
람을 태어나게 하는 근원이고 위로는 천자(天子)며, 중생들의 수
록빈부(壽祿貧富)와 생사화복(生死禍福)과 유명지사(幽冥之事) 등의
모두를 북두(北斗)가 맡아 다스리느니라.

태상노군(太上老君)께서 장천사(張天師)[145]에게 북두경결(北斗經
訣)을 전했으니 곧 이것이라.

만약 위급한 일을 당했을 때 급히 북두에 고(告)하고 예를 갖춰

---

144 북신성(北辰星) : 북극성(北極星), 자미제군(紫微帝君)이다.

145 장천사(張天師) : 주 **35** 참조.

본명진군(本命眞君)[146]의 명호를 외우면 그 일이 풀리리라.

또한 삼태성(三台星)이 있으니 삼태성이 사람을 생(生)하고, 기르며(養), 지켜주느니라(護).

삼태성에는 육좌(六座)가 있고 상중하(上中下) 삼태성의 명칭이 천계(天階)인데 태상노군(太上老君)께서 오르내리는 길이니라.

그 세(勢)가 가로질러 북두에까지 뻗쳐 제2괴성(弟二魁星)이 되고 상태(上台)는 허정(虛精)이며, 중태(中台)는 육순(六淳)이며, 하태(下台)는 곡생(曲生)이니 성군(星君) 내에서도 피하는(諱) 이름이라.

별 이름을 아는 사람은 여러 악한 성품을 여의고 착한 성품을 갖게 되며 별의 모습을 보는 사람은 생전에 형벌로 인한 근심이

---

146 본명진군(本命眞君) : 칠원성군(七元星君)께서 사람의 화복(禍福)을 관장하는데 사람의 열두 띠를 각기 담당한다. 자신의 띠에 해당하는 성군(星君)이 본명진군이다.

북두제일양명탐랑태성군(北斗第一陽明貪狼太星君) : 자생(子生 : 쥐띠)

북두제이음정거문원성군(北斗第二陰精巨門元星君) : 축해생(丑亥生 : 소, 돼지띠)

북두제삼진인녹존정성군(北斗第三眞人祿存貞星君) : 인술생(寅戌生 : 범, 개띠)

북두제사현명문곡유성군(北斗第四玄冥文曲紐星君) : 묘유생(卯酉生 : 토끼, 닭띠)

북두제오단원염정강성군(北斗第五丹元廉貞剛星君) : 진신생(辰申生 : 용, 원숭이띠)

북두제육북극무곡기성군(北斗第六北極武曲紀星君) : 사미생(巳未生 : 뱀, 양띠)

북두제칠천관파군관성군(北斗第七天關破軍關星君) : 오생(午生 : 말띠)

없고 죽어서도 여러 고통이 없게 되느니라.

　고요한 방에서 단정히 앉아 삼태성이 머리를 덮고 있다고 생각하고 가슴으로부터 두 콩팥으로 기(氣)가 나오는 것을 생각하되 삼태성과 더불어 상련(相連)함을 오래 생각하여 마치느니라.

　그리고 나서 이를 2·7번(14번)을 마주치고 코로 미미하게 기(氣)를 들이마셔 입을 닫고 목구멍까지 꽉 차는 듯이 한 다음 주문을 외우느니라.

주왈(註曰)

節節榮榮	願乞長生	太玄三台	常覆我形	出入往來
절 절 영 영	원 걸 장 생	태 현 삼 태	상 부 아 형	출 입 왕 래

萬神携榮	步之五年	仙骨自成	步之七年	合藥皆精
만 신 휴 영	보 지 오 년	선 골 자 성	보 지 칠 년	합 약 개 정

步之十年	上昇天庭	急急如律令
보 지 십 년	상 승 천 정	급 급 여 율 령

　주문이 끝난 후 머리를 조아리고 우러러 예배하면 백사(百事)가 모두 이루어지느니라.

　또 북두(北斗)는 곧 음양(陰陽)의 정신(精神)이니 구도(九道)에 정미(精微)롭게 빛나고 그 빛이 구천(九天)을 덮었나니 일곱 개 별은 나타나고 두 개의 별은 숨었느니라.

　세상 사람들이 북두칠성만 볼 뿐 존제이성(尊帝二星)은 보지 못하는데 이 두 별은 제황(帝皇)이신 태존신군(太尊宸君)을 보필(輔弼)하며 천지혼백(天地魂魄)의 위신(威神)이니라.

보성(輔星)은 주천(主天)하며 왈(曰) 상(常)이며

필성(弼星)은 주지(主地)하며 왈(曰) 공(空)인데

공(空)은 구천(九天)의 혼정(魂精)이며

상(常)은 구지(九地)의 백령(魄靈)이라.

천휴(天休)하고 지태(地泰)하며, 공상(空常)이 은장(隱藏)하며

천비(天否)하고 지격(地激)하며, 공상(空常)이 환명(渙明)하며

만기(萬氣)를 변화시키고, 음양(陰陽)을 바꾸며

사시(四時)를 변화시키니 이는 모두 보필성으로 인함이니라.

보필이성(輔弼二星)이 존귀(尊貴)하고 은복(隱伏)한 화신(華宸)이니 구천(九天)에서도 그 영음(靈音)을 숨겨 두었느니라.

이 세상에는 나타나지 않은 별이지만 도가 높은 선인(仙人)과 진인(眞人)은 보기 때문에 이름을 드높인 것이요, 두 별이 뭇 세상 사람들을 이롭게 하지마는 별빛이 비치지 않기 때문에 탁한 세상 사람들은 보지 못하느니라.

예전에 두 별을 잘못 보았던 사람이나 작금의 속인(俗人)들이 두 별을 잘못 보고도 좋아하는데 이 사람들은 말을 말아야 하니 누설하면 병화(兵火)의 난을 당하고 죽어서는 지옥에 떨어지며 삼관(三官)에게 죄를 받아 부모의 목숨도 위태로우니라.

보필이성은 예를 갖추어 보아야 하는데 보는 법도는 매월 초 3일과 27일 밤에 사람이 알지 못하게 마당 가운데에 좀 컴컴한데서 향을 피우고 예를 올린 뒤 주문을 외우느니라.

주왈(註曰)

尊帝二星　北極之靈　願臣朝見
존제이성　북극지령　원신조견

見卽長生　福慶無窮　天與長齡
견즉장생　복경무궁　천여장령

성심(誠心)으로 오래 지속하고, 이 경(經)을 염(念)하며 침묵하면 통(通)하게 되어 스스로 보필성을 보게 되느니라.

그러나 역시 이도 다른 사람에게 누설하지 말아야 하느니라.

천강성(天罡星)은 두추(斗樞) 내에 있는 이름인데 별의 모습은 파군성(破軍星)과 상대가 되느니라.

이 별은 홍색(紅色)인데 점점 커져 매 일시진(一時辰)마다 두병(斗柄)을 따라 지지(地支)의 한 방위(方位)를 비추는데 항상 운전(運轉)하여 쉬지 않느니라.

경(經)에 가로대

「천강(天罡)이 가리키는바 주야가 상륜(常輪)한다.」는 것이 곧 이것이라.

뇌성(雷城)에서 지지(地支)의 십이문(十二門)을 살피는데 뢰(雷)를 발성(發聲)하고자 하므로 천강성을 따르다가 천강성이 어느 방위의 문(門)을 비추면 그때 발성하느니라.

천강성이 미방(未方)에 있으면 반대의 축방(丑方)을 비추느니라. 어찌하여 그런가 하면 때(時)에는 길(吉)과 흉(凶)이 있기 때문이니라.

천강성이 정기(正氣)를 띠어 능히 생(生)하고 능히 살(殺)하므로 그 가리키는 곳이 곧 생방(生方)이 되어 생기(生氣)를 품으니 이것을 취(取)한 즉 병(病)을 치유하고, 허(虛)함을 보(補)하며, 신(神)을 안정시켜 화(禍)를 없애며, 재앙을 소멸해 생(生)을 연장시키며 액(厄)을 푸느니라.

반대로 천강성이 있는 자리는 살기(殺氣)가 있어 이를 용(用)하면 가히 귀신을 참(斬)하고 사귀(邪鬼)를 내몰며, 흉악하고 사나운 귀신을 제압하며, 사람을 해치는 마(魔)의 머리를 베는데 이러하므로 소지자(所指者)는 길(吉)하고 소재자(所在者)는 흉(凶)하니라.

〖 의왈(義曰) 〗

구요삼태(九曜三台)가 일신(一身)의 주재(主宰)이며
만상(萬象)의 추기(樞機)니라.
공부하는 이가 법도에 따라 참배하여 아뢰면
소리가 울리듯 응(應)함이 있으리라.

〖 석왈(釋曰) 〗

삼태성(三台星)은 존귀하고 크나니라.
북두(北斗) 중의 두 존제성(尊帝星)은 천지(天地)의 혼백(魂魄)이고 조화(造化)의 추기(樞機)니라.
무릇 공부하는 사람들이 북두께 예배할 줄만 알고 존제이성(尊

帝二星)이 도(道)를 이루는 지름길임에도 불구하고 이 두 별을 받드는 것을 모르느니라.

또 천강성(天罡星)은 북두 뒤에 있어 뇌문(雷門)이 열리는 곳을 따르며 뇌문십이문(雷門十二門)을 가리키나니 십이문은 곧 십이시(十二時)니라.

경(經)의 뜻을 명확히 얘기하면 「소지자(所指者)는 길(吉)하고 소재자(所在者)는 흉(凶)하다.」는 것은 곧 뇌문을 말하는 것이니라.

공부하는 사람이 북두(北斗)에 예배하고 별을 보고자 한다면 주석에 설명한 것처럼 하면 되는데 만일 보게 되면 장수하고 큰 복을 받게 되느니라.

경(經)에 가로대 「매해 2월 20일, 3월 3일, 5월 20일, 6월 8일, 8월 27일, 9월 18일에 제사를 지내고 본명성군(本命星君)의 명호(名號)를 염(念)하고 지은 죄를 참회하라.」는 말씀이 있느니라.

〖 찬왈(讚曰) 〗

현문(玄門)의 묘(妙)함이여
사람들이 심오하다고 말하느니
공행(功行)을 하여 현묘(玄妙)함을 이루려거든
마땅히 구요(九曜)에 참배하라.

〖 강왈(講曰) 〗

세상 사람들은 선천지기(先天之氣)가 부족하여 단명하고 횡사하므로 마땅히 이 경을 독송해야 하니라.

입추(立秋)가 되는 날 밤에 단(壇)을 차리고 북신(北辰)에 예배한 다음 따로 떨어진 컴컴한 방에서 백일기도를 하면 안광(眼光)이 점점 밝아지고 천일을 하면 지혜가 맑고 밝아지며 수(壽)가 천세(千歲)가 되리라.

제14장
오뢰참감장(五雷斬勘章)

　천존(天尊)이 말씀하시대

　세상이 쇠(衰)하고 도(道)가 미(微)해져

　사람이 덕행(德行)이 없으매

　군왕(君王)께 불충(不忠)하고, 부모(父母)께 불효(不孝)하고, 사장(師長)께 불경(不敬)하고, 형제(兄弟)와 불우(不友)하고, 부부(夫婦)사이에 불성(不誠)하고, 붕우(朋友)사이에 불의(不義)하고, 천지(天地)를 불외(不畏)하고, 신명(神明)을 불구(不懼)하고, 삼광(三光)께 불례(不禮)하고, 오곡(五穀)을 부중(不重)하나니라.

　　몸으로는 세 가지 악업(惡業)을 짓고 입으로는 네 가지 악업을 지으며

　　사람에게 물건을 받을 때에는 큰 저울을 쓰고 낼 때는 적은 말(斗)을 쓰는 것이며, 살생해명(殺生害命)하는 죄를 다른 사람이 백 번 하면 자기는 천 번이나 하며, 간사

하고(奸) 사사롭고(私) 삿되고(邪) 음탕하고(淫) 요망하고 (妖) 속이고(誣) 배반하고(叛) 거역함(逆)이 미미(微微)하 다가 차차 밖으로 나타나게 되면 삼관(三官)이 붓을 두 드리고 태을(太乙)이 글을 옮기느니라.

그리하여 오뢰참감사(五雷斬勘司)에 부쳐져서 먼저 그 신(神)을 베고 후에 그 모습을 살피며, 신(神)과 혼(魂)을 베어 거꾸러뜨려 사람에게 비천한 바가 되게 하며 또는 혐해(嫌害)를 입게 하며 또는 원악(怨惡)을 만나게 하여 참혹하게 죽게 하느니라.

죽어 귀신이 되면 물(水)을 거두는데 내 몰고 수레 모 는 역사(役事)를 시키며, 달(月)로 검사하고 열흘(旬)로 검사하여 다시 살피고 형벌을 내리나니

한번 이 경(經)을 들으면 그 죄가 즉시 멸(滅)하느니 라.

만일 사람이 뇌사(雷司)의 진노(震怒)를 받아 죽음에 이르러 몸을 일으키지 못하고 수화(水火)를 받지 못하거 든

즉시 구천응원뇌성보화천존을 일심으로 외우면 만신 (萬神)이 머리를 조아리고 나의 명(命)을 들으리라.

天尊 言 世衰道微 人無德行 不忠君王 不孝父母 不
천존 언 세쇠도미 인무덕행 불충군왕 불효부모 불

敬師長 不友兄弟 不誠夫婦 不義朋友 不畏天地 不
경사장 불우형제 불성부부 불의붕우 불외천지 불

懼神明 不禮三光 不重五穀 身三口四 大秤小斗 殺
구신명 불례삼광 부중오곡 신삼구사 대칭소두 살

生害命 人百己千 奸私邪淫 妖誣叛逆 從微至著 三
생해명 인백기천 간사사음 요무반역 종미지저 삼

官鼓筆 太乙移文 卽付五雷斬勘之司 先斬其神 後勘
관고필 태을이문 즉부오뢰참감지사 선참기신 후감

其形 斬神誅魂 使之顚倒 人所鄙賤 人所嫌害 人所
기형 참신주혼 사지전도 인소비천 인소혐해 인소

怨惡 以致勘形震屍 使之崩裂 驅其捲水 役其驅車
원악 이치감형진시 사지붕렬 구기권수 역기구거

月覈旬校 復有考掠 一聞此經 其罪卽滅 若或有人
월핵순교 부유고략 일문차경 기죄즉멸 약혹유인

爲雷所瞋 其屍不擧 水火不受 卽稱 九天應元雷聲普
위뢰소진 기시불거 수화불수 즉칭 구천응원뇌성보

化天尊 作是念言 萬神稽首 咸聽吾命
화천존 작시염언 만신계수 함청오명

〖 주왈(註曰) 〗

사람이 한번이라도 범(犯)하면 이치에 응하여 주살(誅殺)되는
것인데 어찌 뇌사(雷司)인 천부(天府)에서 일일이 소리를 내겠는
가.

영을 내려 세상 법(法)으로 도병수화(刀兵水火)의 형(刑)을 받아
비명에 죽게 하느니라.

사람이 처음에는 사소한 악을 짓지만 고치지 않고 날로 달로

쌓이면 큰 허물을 이루므로 죄가 이미 바깥으로 드러나면 뉘우쳐도 때는 이미 늦느니라.

삼관(三官)과 태을(太乙)께서 죄를 조사하여 문서를 꾸며

오뢰지사(五雷之司)에 보내니 오뢰지사에서 먼저 신(神)과 혼(魂)을 베고 때를 기다려 그 혼(魂)에 죽음을 내리느니라.

오랜 겁(劫)에 걸쳐 뇌사(雷司)에서 부리는 노역(勞役)을 해야 하며 매를 맞고 또 조사를 받아야 하느니라.

만약 사람이 개과천선(改過遷善)하고 이 경에 귀명(歸命)하면 그 죄가 즉시 멸하나니라.

〖 의왈(義曰) 〗

삼강오륜(三綱五倫)은 만고(萬古)의 정(定)한 이치이니 어찌 패역(悖逆)과 망행(妄行)이 용납되리오.

곡식은 곧 사람의 목숨이며 나라의 보배이니 어찌 아끼지 않으며 중히 여기지 않으리오.

근래에 천박한 무리들이 불충(不忠)하고 불효(不孝)하며 불의(不義)하고 불인(不仁)하며, 사치스러운 생활을 하고 도덕(道德)을 업신여기며, 깨끗하고 맑은 것을 미워하고 간사한 행동을 일삼으므로 재앙이 연이어 일어나는 것이라.

이럴 때 어찌 천존(天尊)을 생각하지 않으리오.

다행히 천존께서 대로(大路)를 열어 놓으셨으니 그 길을 밟아

행해서 제악(諸惡)이 생기지 않도록 해야 하리라.

〖석왈(釋曰)〗

사람은 천지지간(天地之間)에 이기(二氣)를 받고 태어난 존재이니 오상(五常)을 갖추고 인의(仁義)를 행하며 충효(忠孝)를 지켜야 하느니라.

어찌하여 방자한 마음으로 인생을 가벼이 여기고 여러 가지 부도덕한 일을 저질러 크게는 뇌사(雷司)의 진노(震怒)를 받아 저잣거리에서 흉측한 죽음을 당하고 작게는 관부의 형(刑)을 받는가. 그러므로 선한 일은 하되 악한 일은 하지 말아야 하리라

뇌사에서 어질지 못한 사람은 노역(勞役)을 시키고 선한 사람은 보호하시느니라.

천존(天尊)의 명호를 부르면 만신(萬神)이 모두 듣느니라.

〖찬왈(讚曰)〗

충(忠)과 효(孝)는 근본(根本)이며 음(陰)과 양(陽)은 내 집이라. 악업(惡業)을 소멸하는데 남화경(南華經)까지 읽어야 할 필요는 없느니라.

〖강왈(講曰)〗

사람의 품행(品行)이 예(禮)에 어긋나고 말(言)이 망령(妄靈)되며

남을 업신여겨 화(禍)가 일어나며, 손해(損害)가 많이 나고, 집안
에 길(吉)한 일이 없으므로 경(庚), 신(辛), 계(癸)일에 단(壇)을 차리
고 지성으로 염송(念誦)하고 부(符)를 태우면 화(禍)는 소멸되고
복(福)이 오며 전날의 액(厄)도 자연히 없어지리라.

제15장
보경공덕장(寶經功德章)

천존(天尊)이 말씀하시대

이 경(經)의 공덕은 실로 불가사의(不可思議)라.

옛적 겁(劫) 중에 신소옥청진왕장생대제(神霄玉淸眞王長生大帝)께서 일찍이 설(說)한 바이니

뜻있는 사람은 이 경(經)을 수지(受持)하고 금(金)과 비단을 올리고 이 경(經)을 세상에 전하기를 하늘에 맹세하라. 이때에 뇌사호옹(雷師皓翁)이 오래 꿇어 앉았다가 절하고 일어나 거듭 아뢰더라.

천존(天尊)이 말씀하시대

이 경(經)이 있는 곳에 마땅히 토지사명(土地司命)으로 하여금 처소를 따라 수호(守護)하게 하고 뇌부(雷部)에서 그 집에 때때로 임(臨)하여 어루만지며 살피게 하라.

만일 사람의 집에 이 경(經)이 있어 지성(至誠)으로 봉안(奉安)하면 상서로운 기운이 뜰에 가득하고 경사스런

구름이 지붕처마를 가득 덮어 화란(禍亂)이 생기지 않고 길복(吉福)이 모여들며 죽음을 당하여도 지옥에 떨어지지 아니하나니 어찌하여 그런가.

죽으면 곧 생(生)할 것이요, 생(生)하면 다시 선도(善道)에 돌아와 천존(天尊)의 힘을 이어받아 영통(靈通)하게 되느니라.

출입기거(出入起居)할 때에 이 경(經)을 지니고 있으면 사람들이 공경하며 귀신이 경외(敬畏)하니 모든 험난(險難)한 일을 만나도 일심(一心)으로 구천응원뇌성보화천존이라 외우면 모두 해탈(解脫)을 얻게 하리라.

天尊 言 此經功德 不可思議 往昔劫中 神霄玉淸眞
천존 언 차경공덕 불가사의 왕석겁중 신소옥청진

王 長生大帝 所曾宣說 至士 - 授經 皆當劃金置幣
왕 장생대제 소증선설 지사 수경 개당전금치폐

盟天以傳 雷師皓翁 長跪拜興 重白 天尊 言 是經在
맹천이전 뇌사호옹 장궤배흥 중백 천존 언 시경재

處 當令土地司命 隨所守護 雷部按臨 以時稽審 若
처 당령토지사명 수소수호 뇌부안림 이시계심 약

人家 有此經 至誠安奉 卽得祥烟 滿庭 慶雲 蔭軒 禍
인가 유차경 지성안봉 즉득상연 만정 경운 음헌 화

亂 不萌吉福 來萃 于其亡歿 不經地獄 所以者 - 何
란 불맹길복 내췌 우기망몰 불경지옥 소이자 하

死卽往生 生歸善道 承天尊力 有此靈通 出入起居
사 즉왕생 생귀선도 승천존력 유차영통 출입기거

珮帶此經 衆人 所欽 鬼神 所畏 遇諸險難 一心稱名
패 대 차 경 중 인 소 흠 귀 신 소 외 우 제 험 난 일 심 칭 명

九天應元雷聲普化天尊 悉得解脫
구 천 응 원 뇌 성 보 화 천 존 실 득 해 탈

〖 주왈(註曰) 〗

천존(天尊)께서 대자비심(大慈悲心)을 발(發)하여 말씀하신 것이
이 보경(寶經)이니 위로는 제천(諸天)을 이롭게 하고 아래로는 중
생(衆生)들을 제도하시느니라.

뜻있는 사람은 이 경을 수지(受持)하고 반드시 금과 비단을 올
려 신표(信標)로 삼고 진실한 마음으로 상천(上天)에 맹세하라.

하늘에 맹세하는데 금과 비단의 많고 적음은 문제가 아니니 물
질은 경(輕)하고 마음은 중(重)하기 때문이니라.

대성(大聖)께서 물질을 중히 여겨서 그런 것이 아니고 이 경(經)
을 세상에 전하는 것을 사람들이 가벼이 자만하는 마음으로 행할
까 저어하여 절실한 마음으로 깨우치는 것이니라.

뇌사(雷司)에서 토지사명(土地司命)에 영을 내려 옥추보경(玉樞
寶經)이 있는 곳을 수호하나니 만약 사람이 천존을 시봉(侍奉)하
고 경을 지녀 독송하면 성진(聖眞)이 감응하여 그 집 뜰에 내리고
상운(祥雲)이 두루 감싸느니라.

살아서 진실하게 받들면 죽어서도 선도(善道)로 돌아가느니라.
올바른 법도에 의지하여 부전(符篆)을 써서 지성으로 몸에 지니면
모든 어려움이 생기지 않고 사람과 신(神)이 공경하고 두려워하

느니라.

이 장(章)의 뜻은 사람에게 성심(誠心)으로 믿게 함이 후학(後學)을 속이는 것이 아님을 나타내는 것이니 군자(君子)는 이 경을 의지하여 행하면 거의 어그러짐이 없으리라.

뇌사호옹(雷師皓翁)이 천존(天尊)의 지극한 교화(敎化)의 말씀을 공경히 듣고 기쁨을 이기지 못하여 무릎을 꿇고 다시 천존께 아뢰느니라.

「이제부터 뜻있는 사람이 경을 수지하고 금과 비단으로 맹세하며 이 글을 사람들에게 전하고자 한다면 이 경이 있는 곳에 마땅히 토지사명(土地司命)에게 영을 내려 그곳을 수호하고 뇌부(雷部)에서 어루만지고 때때로 살피게 하겠나이다. 경을 받들어 독송하면 집안에 경사가 가득하고 그 조상들이 높은 곳으로 뛰어오르게 하고, 경을 지니고 있는 사람은 흠모와 존경을 받게 하며, 귀신은 두려워 복종케 하고, 어려움을 만나서 천존의 명호를 부르면 모두 풀리게 하겠나이다.」하니라.

이 장(章)은 아득한 옛적에도 있었던 말씀이니 우리 천존께서 처음 말씀한 것이 아니며 뇌사호옹께서 들어 밝히신 것이니라.

〖 찬왈(讚曰) 〗

황금이 귀한 것이 아니고 마음이 귀하나니 처음 진실한 마음으로 도(道)를 공부하고자 하면 마구니가 침범하느니라.

지성으로 믿고 천지(天地)에 맹세하면 날을 정하여 교군(敎君)이 옥음(玉音)을 들으리라.

〖 강왈(講曰) 〗

사람이 빈천하고 하는 일이 전부 되지 않으며 울적한 마음으로 한탄할 때나, 혹 부자가 되고 싶거나, 혹 벼슬을 하여 성공하고 싶거나, 혹 자식이나 손자를 얻고 싶으면 일심정성으로 소원을 비는데 3·7일 동안 나가지 않고 공경히 경을 외우면 그 영험이 비할 바가 없느니라.

【보게장(寶偈章)】

이에 뇌사호옹(雷師皓翁)이
천존(天尊) 전에 게(偈)를 설(說)하여 가로대

위없는 옥청왕(玉淸王)께서
삼십육천(三十六天)을 거느리실새
구천(九天)의 보화군(普化君)으로
시방계(十方界)에 모습을 드러내시니
머리를 휘날리며 기린(麒麟)을 타시고
맨발로 층층한 얼음을 밟으시며
손으로 구천기(九天氣)를 잡으사
바람을 휘파람하고 우레를 채찍질하시며
능히 지혜력(智慧力)으로
모든 마정(魔精)을 항복받으시며
장야혼(長夜魂)을 제도하여

모든 중생(衆生)을 이롭게 하시며

저 은하수(銀河水)의 물결 같이

천안(千眼)을 가지시고 천월륜(千月輪)을 굴리실새

미래세(未來世)에 천존(天尊)의 교화(教化)를

길이 드날릴 것을 맹서하노라.

때에 뇌사호옹(雷師皓翁)이 게(偈)를 설(說)하여 마치
니라.

於是 雷師皓翁 對天尊前 而說偈曰 無上玉淸王 統
어시 뇌사호옹 대천존전 이설계왈 무상옥청왕 통

天三十六 九天普化君 化形十方界 披髮騎麒麟 赤脚
천삼십육 구천보화군 화형시방계 피발기기린 적각

躡層氷 手把九天氣 嘯風鞭雷霆 能以智慧力 攝伏諸
섭층빙 수파구천기 소풍편뢰정 능이지혜력 섭복제

魔精 濟度長夜魂 利益於衆生 如彼銀河水 千眼千月
마정 제도장야혼 이익어중생 여피은하수 천안천월

輪 誓於未來世 永揚天尊教 時 雷師皓翁 說是偈已
륜 서어미래세 영양천존교 시 뇌사호옹 설시게이

[**주왈(註曰)**]

이 장(章)은 뇌사호옹(雷師皓翁)께서 문득 깨달은 바를 게송(偈
頌)으로 읊으신 것이니 천존(天尊)의 호생(好生)하는 대덕(大德)의
만(萬)에 하나를 드러내 찬양하셨느니라.

글의 뜻이 매끄럽고 밝으며, 말씀이 화려하고 유려하니 그 공덕(功德)이 불가사의 하나니라.

『 의왈(義曰) 』

천존(天尊)의 덕(德)은 체(體)가 없으므로 뇌사호옹(雷師皓翁)이 은하수(銀河水)로 비유했느니라.

천존의 원기(元氣)가 지청(至清)하며 지귀(至貴)하며, 지성(至聖)하며 지명(至明)하심을 말하였느니라.

『 석왈(釋曰) 』

뇌사호옹(雷師皓翁)께서 천존(天尊)의 신통(神通)에 심히 감복하여 어떻게 찬탄할지를 몰라 이 게송(偈頌)을 지었느니라.

천존께서 삼십육천(三十六天)을 거느리는 지존(至尊)으로 시방세계(十方世界)를 교화(教化)하는 광대함을 지니셨으니 여러 하늘을 거니실때 검푸른 머리카락을 휘날리며 기린(麒麟)을 타시고, 구천(九泉)[147]을 깨뜨릴 때는 맨발로 얼음으로 된 계단을 오르시며 손에 구천기(九天氣)를 잡으셨으니 금광명(金光明)과 같느니라.

「소풍편뢰정(嘯風鞭雷霆)」은 천존께서 호령하시는 것이니라. 귀신을 참(斬)하고 요귀를 제거하여 만물(萬物)을 제도하고 사람

---

147 구천(九泉) : 깊은 땅속. 황천(黃泉).

을 이익 되게 하나니 이것이 천존께서 「이익어중생(利益於衆生)」 하는 것이라.

은하(銀河)의 물결은 사람으로는 가히 볼 수가 없고 그 현현(玄玄)함을 가히 측량할 수 없느니라.

「천안천월륜(千眼千月輪)」은 이 가르침에 귀의하는 사람은 천존의 눈앞에 있는 것과 같이 하라는 말씀이니라.

발원(發願)을 광대하게 하여 천존의 가르침을 길이 드높여야 하리라.

〖 찬왈(讚曰) 〗

이 게송(偈頌)은 천존(天尊)을 찬탄함이 정성스러우니라.

널리 교화(敎化)하심이 끝이 없으니 시간을 초월한 일기(一氣)이니라.

〖 강왈(講曰) 〗

기린(麒麟)은 세상에 나타나지 않는 동물이니

밝은 구슬이 현묘(玄妙)함 속에 들어있고

그 몸이 홀로 선(善)하니라.

호탕한 뜻으로 한 번 날고자 하나

구름 낀 은하수(銀河水)를 오르기는 쉽지 않으니

날개와 깃의 힘을 기르고 닦아야 하니

이는 육육(六六)을 생(生)함이요
미인(美人)이 장차 나오는 것이니라.
한 번 뛰어 은하수에 다다르니
사해(四海)가 청정해지느니라.

【보응장상(報應章上)】

천존(天尊)이 말씀하시대

이 경(經)을 세상에 전하되 사람이 알지 못하리라.

내 지금 다스리는 바는 구천응원부(九天應元府)라.

그 부(府)에 구천뇌문사자(九天雷門使者)가 있으니 규록전자(糾錄典者)와 염방전자(廉訪典者)로 돕게 하고 다시 사사(四司)가 있으니

일왈 약잉사(掠剩司)오 이왈 적체사(積逮司)오

삼왈 유왕사(幽枉司)오 사왈 보응사(報應司)니

각각 대부(大夫)가 있어 그 일을 맡아 다스리니

나의 법(法)을 받들어 경(卿)과 사(師)와 사(使)와 상(相) 이 모두 내 원원(元元)한 교화(教化)를 돕느니라.

天尊 言 此經 傳世 人 未知 吾今所治九天應元府 府
천존 언 차경 전세 인 미지 오금소치구천응원부 부

有九天雷門使者 以糾錄典者 廉訪典者 佐之 復有四
유구천뇌문사자 이규록전자 염방전자 좌지 부유사

司 一曰掠剩司 二曰積逮司 三曰幽枉司 四曰報應司
사 일왈약잉사 이왈적체사 삼왈유왕사 사왈보응사

各有大夫 以掌其事 吾之所理 卿師使相 咸讚元化
각유대부 이장기사 오지소리 경사사상 함찬원화

〖 주왈(註曰) 〗

천존(天尊)께서 다스리는 부서를 직접 말씀하시니 관병(官兵)과 장리(將吏)에게 각각 선악을 다스리는 직책을 주셨느니라. 그러므로 생살(生殺)의 추기(樞機)라 함은 천존의 영(令)으로 인함이니라. 삼계만령(三界萬靈)이 모두 봉행(奉行)하지 않음이 없느니라.

〖 의왈(義曰) 〗

이 장(章)에서는 천존께서 선악의 업(業)을 다스리는 곳이 각기 있음을 직접 말씀하시니 모두 천존님의 원화(元化)를 찬탄하느니라.

〖 석왈(釋曰) 〗

경문(經文)이 이미 끝났으나 천존(天尊)께서 다스리는 부서를 후학(後學)들이 알지 못할까 염려하여 자세히 말씀하셨느니라.

무릇 바라는 바를 구하면 관장(官將)과 이병(吏兵) 등이 천존의 영(令)을 듣고 행하니 모두 천존님의 위대한 교화(敎化)를 돕느니라.

〖 찬왈(讚曰)〗

여러 사(司)를 세우고 사에 속한 부서를 두고 뇌정(雷霆)을 장악하여 풍화(風火) 같이 비렴(蜚廉)[148]으로 부르는 것이 분명하나니 선한 일에는 상을 주고 악한 일은 주살(誅殺)하는 것이 그림자와 메아리가 따르는 것 같나니 구천(九天)에서 인정(人情)을 따르지 않음이 없느니라.

〖 강왈(講曰)〗

유정(有情)들이 영명(靈明)한 성품을 지니고 있어 나타나면 우주(宇宙)를 막을 수 있고 숨으면 미진(微塵)에도 들어가느니라.

옛적에도 그러하고 지금도 그러하며 시방(十方)을 비추어 뚫으니 태허(太虛)와 더불어 모자람도 없고 남음도 없느니라.

고래(古來)의 여러 성인(聖人)께서 한 점도 더함이 없고 지금의 중생들이 추호도 덜함이 없느니라.

다만 세상 사람들이 애욕(愛慾)에 얽매여 스스로 영성(靈性)을 어둡게 하여 악도(惡道)에 빠져 윤회하게 되느니라.

그러므로 천존(天尊)께서 자비심으로 중생들로 하여금 혼혼(昏昏)함을 없애고 영대(靈臺)를 밝게 하여 미혹(迷惑)에서 벗어나 선계(仙界)에 오르도록 하시느니라.

---

148 비렴(蜚廉) : 하늘에 있는 동물의 이름. 긴 털에 날개가 있고 풍신(風神)이다.

수많은 중생들이 삼악도(三惡道),[149] 사악취(四惡趣)[150]에 빠지지 않고 「하나(一)」마저도 없는 대도(大道)에 귀의토록 하시느니라. 천존의 숙원(宿願)은 중생들이 수행하여 진선(眞仙)이 되는 것이라.

중생들이 지우(智愚)가 같지 않아 청탁(淸濁)이 다르며, 기(氣)를 받음이 각기 달라 근기(根氣)가 서로 다르므로 설(說)하시는 방편문(方便門)이 다른 것이니라.

우선 선(善)과 악(惡)으로 인도하고 그 다음에 상(賞)과 벌(罰)로써 간절히 타이르시니 도(道)에 뜻을 둔 사람은 천존님의 뜻을 잘 새겨야 하느니라.

---

149 삼악도(三惡道) : 지옥(地獄), 아귀(餓鬼), 축생(畜生)의 세 가지 세계를 말한다. 죄악을 범한 결과로 태어나서 고통을 받는 악한 세계다.

150 사악취(四惡趣) : 삼악도에 아수라(阿修羅)를 더한 네 가지 악도의 세계. 사악도(四惡道)라고도 한다.

【보응장하(報應章下)】

천존(天尊)이 경(經)을 설(說)하여 마치시니

옥범칠보층대(玉梵七寶層臺)에 천화(天花)가

하늘 가득히 날리고

붉은 옥(玉) 향기가 사방에 가득하고

시방(十方)의 제천제군(諸天帝君)이

선재(善哉)시라 칭송하고

천룡귀신(天龍鬼神)과 뇌부관중(雷部官衆)과

삼계만령(三界萬靈)이 모두 크게 환희하며

믿고 받아 지녀 봉행(奉行)하니라.

天尊 說是經畢 玉梵七寶層臺 天花繽紛 瓊香繚繞
천존 설시경필 옥범칠보층대 천화빈분 경향료요

十方諸天帝君 咸稱善哉 天龍鬼神 雷部官衆 三界萬
시방제천제군 함칭선재 천룡귀신 뇌부관중 삼계만

靈 皆大歡喜 信受奉行
령 개 대 환 희 신 수 봉 행

경을 설(說)하여 마치시니 제천제군(諸天帝君)과 뇌부귀신(雷部鬼神)이 모두 찬탄하며 환희용약하니라.

무릇 뜻을 같이 하여 이 경을 믿는 우리 도반(道伴)들이여. 보경(寶經)을 만났으니 마음을 깨끗이 하고 근심도 씻어내고 지성으로 이 진문(眞文)을 예를 갖춰 독송하면 화란(禍亂)이 생기지 않고 영보장생(永保長生)하느니라.

〖 의왈(義曰) 〗

마땅히 이 경(經)으로 삼계시방(三界十方)을 교화(敎化)하면 모두 뜻대로 얻으리라.

무릇 공부하는 사람은 보경(寶經)과 옥전(玉篆)을 만났으니 마음을 가다듬고 근심 걱정을 씻어내며, 청수(淸水)와 꽃을 올리고 법도대로 독송하고 부전(符篆)을 쓰면 여러 가지 화(禍)가 생기지 않고 선(善)한 일들이 많이 생기느니라.

공부하는 사람은 천심(天心)을 체(體)받아 마음을 깨끗이 하여 진문(眞文)을 보고 현문(玄文)대로 조화(造化)를 이루어야 하리.

이 경의 조화가 이리 광대한데 어찌 힘을 다해 경을 받아 지녀 받들지 않을 수 있겠는가.

〖 석왈(釋曰) 〗

　보경(寶經)의 옥전(玉篆)은 삼청상경(三淸上境)의 칙서(勅書)를 받드는 것이 아니라 옥청진왕(玉淸眞王)의 영(令)인데 이 세상에 직접 내리지 않으면서도 수많은 유정(有情)을 교화하느니라.

　경의 요지(要旨)를 드러냄이 주석(註釋)에 분명한데 옥전금장(玉篆金章)이 찬연히 눈에 선명하니라.

　무릇 기도하는 사람이 마음을 깨끗이 하지 않고 목욕재계도 하지 않으면 어찌 현문(玄文)을 볼 수 있으리오.

　공부하는 사람이 직분을 지켜 공(功)을 이루면 좌원(左院)에 위(位)가 오르고 스스로의 신(神)으로 빼어난 기운을 응결(凝結)하지 못함이 없으리니 천존의 보화지덕(普化之德)을 이루어 이로부터 여러 성진(聖眞)의 왼쪽에 자리할 수 있나니라.

　이 경을 독송하는 이를 업신여기는 것은 불가(不可)하니 크게는 하늘에서 주살(誅殺)하고 작게는 화(禍)가 미치느니라.

〖 찬왈(讚曰) 〗

　보경(寶經)이 원만(圓滿)하여 모두가 선(善)하다고 칭송하나니라. 재앙을 소멸하고 죄를 없이 하니 화는 사라지고 복이 오느니라.

〖 강왈(講曰) 〗

음식을 차려놓고 좋아함이 먹는 것만 못하고

경(經)의 뛰어남을 보는 것이 실제 수련(修鍊)하는 것만 못하니라.

크게 의심(疑心)을 품어야 대오(大悟)를 성취하리니

지극한 공부(工夫)의 나머지로도 크게 이름을 떨치느니라.

씨를 뿌리지 않고도 결실을 바라며, 공부하지도 않고 성취하기를 바라는 것은 헛됨을 쫓는 사견(邪見)이며 요술(妖術)이라.

도경(道經)을 자만심으로 가벼이 생각하면 그 업(業)이 심히 중(重)하며 뇌성벽력(雷聲霹靂)의 화(禍)를 면키 어려우니라.

내가 이 장(章)에 몇 자 더 쓰노라.

백년광음(百年光陰)이 돌에서 튀기는 불빛 같고

일생신세(一生身世)가 물거품 같구나.

대도(大道)를 모르고 미로(迷路)에서 빠져 나오지 못하니

비록 현재(賢才)가 있더라도 어찌 장부(丈夫)라 하리오.

【 신장퇴문(神將退文) 】

수(水), 화(火)가 움직여 건(乾), 곤(坤)으로 나뉘고

대우(大禹)[151]께서는 솥을 만들어

만상(萬象)을 가지런하게 했느니

팔역(八域)과 시방(十方)에는 각기 경계(境界)가 있고

영(靈)은 정(靜)하고 신(神)은 동(動)하니

왈(曰) 천지(天地)라.

대도(大道)의 한 가지가 수많은 잎사귀로 벌여 있고

이기(二氣)가 곧바로 합(合)하여 가고 또 오느니라.

성(聖)스러운 공(功)이 두루 제토(諸土)에 밝게 비추니

오행(五行)이 그 영(令)을 따라 만물(萬物)을 기르는구나.

---

151 대우(大禹) : 중국 고대의 성군(聖君)이며 하(夏)왕조의 시조인 우임금
에 대한 후인들의 존칭. 하후씨(夏后氏)라고도 한다.

사생(四生)과 육도(六道)가

다시 음(陰)과 양(陽)으로 나뉘니 모양이 있는 것은 지(智)와 우(愚)가 있어 곧 영(靈)과 귀신(鬼神)이라.

업(業)의 바람이 불면 귀신과 도깨비가 난동(亂動)하고 하계(下界)의 군생(群生)들은 윤회(輪回)에 빠지는 구나.

마(魔)가 음도(陰道)를 드날리어 간교하게 재앙을 일으키나니 적도(賊徒)가 보장(寶藏)에 난입(亂入)하여 천리(天理)를 어둡게 하는도다.

오형(五形)이 산란(散亂)하여 만 가지 몸으로 변화하니 도깨비들이 가이없이 희롱하니라.

뇌성(雷聲)이 한번 울리매 옥추부(玉樞符)라

자미(紫微)의 진령(眞靈)이 삼매(三昧)에 드는도다.

사십팔장(四十八將)이 마검(魔劍)을 항복시키고

곤륜산(崑崙山)을 쳐부수어 삿된 정(精)을 잡아 묶나니

오방신장(五方神將)이 깃발을 휘날리고

흉하고 더러운 것들을 소탕하니 일월(日月)이 맑도다.

산신(山神)과 토지신(土地神)은 송경(誦經)소리를 듣고 이 몸을 시위(侍衛)하여 만 가지 위난(危難)을 없이 하시라.

칠요(七曜)[152]와 구원(九元)[153]은

혼백(魂魄)을 편안하게 하고

청룡(青龍)과 백호(白虎)는 방위(方位)를 옮기지 말지니 천관(天官)의 율령(律令)을 감히 어기지 말지니라.

음(陰)한 사귀(邪鬼)와 도깨비들을 철옥(鐵獄)에 가두고 삼계(三界)의 마왕(魔王)도 묶어 가두고

오악(五岳)의 귀졸(鬼卒)들은 가루를 내어 먼지로 날리고 파순(波旬)[154]이와 살귀(殺鬼)는 성역(聖域)에 귀의하고 땅속의 음괴(陰怪)들은 바른길을 깨달을지니라.

삼십육천(三十六天)[155]의 뇌율령(雷律令)과

칠십이지(七十二地)[156]의 신위력(神威力)으로

---

152 칠요(七曜) : 일(日), 월(月), 목성(木星), 화성(火星), 토성(土星), 금성(金星), 수성(水星)을 칠요라고도 하나 여기서는 북두칠성(北斗七星)을 의미한다.

153 구원(九元) : 구요(九曜). 북두칠성과 좌보성(左補星), 우필성(右弼星)을 구요라고 한다. 주 62 참조.

154 파순(波旬) : 욕계(欲界) 제육천(天)의 임금인 마왕(魔王)의 이름. 항상 악한 뜻을 품고 나쁜 법을 만들어 수도인(修道人)을 요란하게 하고 사람의 혜명(慧命)을 끊는다고 한다.

155 삼십육천(三十六天) : 옥청경(玉淸境) 12천(天), 상청경(上淸境) 12천(天), 태청경(太淸境) 12천(天)을 말한다.

156 칠십이지(七十二地) : 신선(神仙)이 사는 72곳의 거처. 칠십이복지(七十二福地)라고 한다.

시방허공(十方虛空)에 티끌들을 모두 없애나니

군생(群生)들이 안락하여 길이 태평(泰平)하리라.

기장(黍)같이 벌여져 있는 수많은 별들과 일월(日月)은 건곤(乾坤)의 병속에 들어있나니

삼십육궁(三十六宮)의 도읍에는 봄빛이 가득하고

유정(有情)과 무정(無情)들은 신선의 풍악에 기뻐하느니라.

망념(妄念)을 깨끗이 씻어내어 마음의 본 집으로 돌아오고 보화천존(普化天尊)께서 호령(號令)을 한 번 하시매

진토(塵土)가 찰라에 유리세계(琉璃世界)[157]로 변하고 뭇 별들과 만령(萬靈)이 상천(上天)을 맑게 하는도다.

사십팔장(四十八將)이 부도(符道)를 따르나니

산왕(山王)은 산을 호위하고

산신(山神)은 집을 수호하고

오도(五道)와 팔방(八方)의 신(神)들은

사람을 편안하게 하고

청룡지신(靑龍之神)은 동방(東方)으로 돌아가고

백호지신(白虎之神)은 서방(西方)으로 돌아가고

---

157 유리세계(琉璃世界) : 유리(琉璃)로 이루어진 세계. 유리는 칠보(七寶)의 하나로 청색의 보주(寶珠)다.

주작지신(朱雀之神)은 남방(南方)에 자리를 정(定)하고

현무지신(玄武之神)은 북방(北方)을 다스리고

구진(句陳)[158]과 등사지신(騰蛇之神)[159]은

음양신(陰陽神)이니

중앙(中央)을 보우(保佑)하여

인도(人道)를 호위하고

양신(陽神)은 상승(上昇)하고 음신(陰神)은 하강(下降)하고 주신(晝神)과 야신(夜神)은 일월(日月)로 돌아가고 니환(泥丸)의 명당(明堂)에 신(神)이 항상 편안하게 있고

다섯 가지 빛의 오장신(五臟神)은 늘 고요함을 지키고

동신(動神)과 정신(靜神) 모두 법도(法度)를 지켜

각기 신병(神兵)을 통솔하여

맡은 바 방위(方位)에 편안하게 있으라.

구천응원뇌성보화천존(九天應元雷聲普化天尊)의 율령(律令)이니라.

주왈(呪曰) 성심껏 받드나이다.

---

158 구진(句陳) : 육수(六獸)의 하나. 육수는 청룡(青龍), 주작(朱雀), 구진(句陳) 등사(騰蛇), 백호(白虎), 현무(玄武)다.

159 등사(騰蛇) : 육수(六獸)의 하나로 용(龍)에 속하며 능히 구름을 일으켜 그 가운데에서 놀 수 있다고 한다.

淋鷗鮖山 靐嚩囉 娑婆訶
뒨언쳥산 병박라 사바하

水火相盪分乾坤 수화상탕분건곤	大禹造鼎列萬象 대우조정열만상	八域十方各有界 팔역시방각유계
靈靜神動曰天地 영정신동왈천지	大道一兮枝萬葉 대도일혜지만엽	二氣殊徑合往復 이기수경합왕복
聖功赫照遍諸土 성공혁조편제토	五行從令養萬物 오행종령양만물	四生六道設陰陽 사생육도설음양
形有智愚靈鬼神 형유지우령귀신	業風吹到鬼妖亂 업풍취도귀요란	下界群生沈輪廻 하계군생침윤회
魔揚陰道姦作孽 마양음도간작얼	賊入寶藏昧天理 적입보장매천리	五形散亂變萬身 오형산란변만신
魑魅魍魎戲無邊 리매망량희무변	雷聲一振玉樞符 뇌성일진옥추부	紫微眞靈入三昧 자미진령입삼매
四十八將降魔劍 사십팔장강마검	打破崑崙捕邪精 타파곤륜포사정	五方神將列旗旛 오방신장열기번
凶穢消蕩日月晴 흉예소탕일월청	山神土地聞誦經 산신토지문송경	侍衛吾身除萬劫 시위오신제만겁
七曜九元魂魄安 칠요구원혼백안	靑龍白虎不移方 청룡백호불이방	天官律令莫敢違 천관율령막감위
陰邪妖孽囚鐵圍 음사요얼수철위	三界魔王束手藏 삼계마왕속수장	五岳鬼卒化微塵 오악귀졸화미진
波旬煞鬼歸聖域 파순살귀귀성역	地中陰怪覺正路 지중음괴각정로	三十六天雷律令 삼십육천뇌율령
七十二地神威力 칠십이지신위력	十方虛空隱微塵 시방허공은미진	群生安樂永泰平 군생안락영태평
黍羅日月壺乾坤 서라일월호건곤	三十六宮都春光 삼십육궁도춘광	有情無情歡仙樂 유정무정환선악
滌去妄念還本第 척거망념환본제	普化天尊攝號令 보화천존섭호령	塵土刹羅琉璃界 진토찰라유리계

群星萬靈澄上天 四十八將從符道 山王護山神守家
군 성 만 령 징 상 천　사 십 팔 장 종 부 도　산 왕 호 산 신 수 가

五道八方神安寧 靑龍之神還東方 白虎之神歸西方
오 도 팔 방 신 안 녕　청 룡 지 신 환 동 방　백 호 지 신 귀 서 방

朱雀之神定南方 玄武之神治北方 句陳騰蛇陰陽神
주 작 지 신 정 남 방　현 무 지 신 치 북 방　구 진 등 사 음 양 신

保佑中央護人道 陽神上昇陰神下 晝神夜神歸日月
보 우 중 앙 호 인 도　양 신 상 승 음 신 하　주 신 야 신 귀 일 월

泥丸明堂神常寧 五華五臟神守靜 動神靜神準法度
니 환 명 당 신 상 녕　오 화 오 장 신 수 정　동 신 정 신 준 법 도

各率神兵安方位 九天應元雷聲普化天尊律令
각 솔 신 병 안 방 위　구 천 응 원 뇌 성 보 화 천 존 율 령

呪曰 吾奉

淋鷗䚤山 稟嚩囉 娑婆訶
뒨 언 쥥 산　병 박 라　사 바 하

제3부

인경(人經)

【지심귀명례(至心歸命禮)】

삼계(三界)의 위에 범기(梵氣)가 가득 차있고

위로 극(極)하여 더 이상 위(上)가 없으니 천중천(天中天)이라.

울라소대(鬱羅蕭臺)인 옥산(玉山)의 도읍지에 까마득히 금궐(金闕)이 빽빽이 들어차 있어 맑고도 깊도다.

현원(玄元)한 일기(一氣)가 혼돈(混沌)의 때보다

먼저 있으니 보주(寶珠) 중의 보주며

현묘(玄妙)하고도 현묘하도다.

삼경(三景)을 열어 밝히고 뭇 천상(天上)을 만들어 내어 억만(億萬)의 천진(天眞)과 무량(無量)한 대중(大衆)들이 계시도다.

북두칠성(北斗七星)을 돌리고 별들을 분명하게 하여 사도(四度)와 오상(五常)을 정하니

그 법도가 높고도 높으며 만도(萬道)의 조종(祖宗)이라.

대라옥청(大羅玉淸)은 허무(虛無)하고 자연(自然)하도다.

대비대원(大悲大願)하고 대성대자(大聖大慈)하신
옥청성경(玉淸聖境)에 계신 원시천존(元始天尊)께
지심(至心)으로 귀명(歸命)하옵나이다.

三界之上	梵氣彌羅	上極無上	天中之天	鬱羅蕭臺
삼 계 지 상	범 기 미 라	상 극 무 상	천 중 지 천	울 라 소 대
玉山上京	渺渺金闕	森羅淨霑	玄元一氣	混沌之先
옥 산 상 경	묘 묘 금 궐	삼 라 정 홍	현 원 일 기	혼 돈 지 선
寶珠之中	玄之又玄	開明三景	化生諸天	億萬天眞
보 주 지 중	현 지 우 현	개 명 삼 경	화 생 제 천	억 만 천 진
無鞅數衆	旋斗歷箕	四度五常	巍巍大範	萬道之宗
무 앙 수 중	선 두 역 기	사 도 오 상	외 외 대 범	만 도 지 종
大羅玉淸	虛無自然	大悲大願	大聖大慈	玉淸聖境
대 라 옥 청	허 무 자 연	대 비 대 원	대 성 대 자	옥 청 성 경
元始天尊				
원 시 천 존				

【지심귀명례(至心歸命禮)】

상청경(上淸境)에 거하시는 영보군(靈寶君)께서는
아득한 옛적에 화생(化生)하시어
구만구천여(九萬九千餘)의 범기(梵氣)시라.
찬란히 빛나는 붉은 글씨로

육백팔십팔진문(六百八十八眞文)을 지으시도다.

혼돈(混沌)한 때에 붉은 글로 인하여

아홉 하늘이 열리고

으뜸이면서 깊은 옥력(玉曆)을 정하니

오겁(五劫)으로 나누고

하늘을 날줄로, 땅은 씨줄로 정하도다.

높고 높아라. 조화(造化)의 조종(祖宗)이시니

만물의 지도리(樞)가 되는 음(陰)과 양(陽)을

생하여 뇌정(雷霆)의 조(祖)가 되시도다.

대비대원(大悲大願)하고 대성대자(大聖大慈)하신

상청진경(上淸眞境)에 계신 영보천존(靈寶天尊)께

지심(至心)으로 귀명(歸命)하옵나이다

居上淸境 號靈寶君 祖劫化生 九萬九千餘梵氣 赤書
거상청경 호령보군 조겁화생 구만구천여범기 적서

煥發 六百八十八眞文 因混沌赤文而開九霄 紀元洞
환발 육백팔십팔진문 인혼돈적문이개구소 기원동

玉曆而分五劫 天經地緯 巍乎造化之宗 樞陰機陽 卓
옥력이분오겁 천경지위 외호조화지종 추음기양 탁

爾雷霆之祖 大悲大願 大聖大慈 上淸眞境 靈寶天尊
이뢰정지조 대비대원 대성대자 상청진경 영보천존

【지심귀명례(至心歸命禮)】

　방소(方所)에 따라 가르침을 베풀어 무수한 세월 동안 사람들을 제도하시니 황제의 스승이고 임금의 스승이며 왕의 스승도 되시나 방편(方便)으로 그리하셨도다.
　천도(天道)와 지도(地道)와 인도(人道)를 세우시고
　드러나지 않은 성현(聖賢)과 드러난 범부들 그리고 천이백관군(千二百官君)을 거느리시며
　수만억(數萬億)의 범기(梵氣)로
　이제나 옛적이나 화행(化行)하시도다.
　도덕오천언(道德五千言)을 짓고
　음양(陰陽)을 장악하시며 뇌정(雷霆)을 명(命)하고
　9·5수(九五數)를 용(用)하시도다.
　대비대원(大悲大願)하고 대성대자(大聖大慈)하신
　태청선경(太淸仙境)에 계신 도덕천존(道德天尊)께
　지심(至心)으로 귀명(歸命)하옵나이다.

隨方設敎 歷劫度人 爲皇者師 帝者師 王者師 假名
수 방 설 교　역 겁 도 인　위 황 자 사　제 자 사　왕 자 사　가 명

易號 立天之道 地之道 人之道 隱聖顯凡 總千二百
역 호　입 천 지 도　지 지 도　인 지 도　은 성 현 범　총 천 이 백

之官君 包萬億重之梵氣 化行今古 著道德凡五千言
지 관 군 포 만 억 중 지 범 기 화 행 금 고 저 도 덕 범 오 천 언

主握陰陽 命雷霆用九五數 大悲大願 大聖大慈 太淸
주 악 음 양 명 뢰 정 용 구 오 수 대 비 대 원 대 성 대 자 태 청

仙境 道德天尊
선 경 도 덕 천 존

【지심귀명례(至心歸命禮)】

태상미라무상천(太上彌羅無上天)의 묘유현진경(妙有玄眞境)에 까마득히 자색금궐(紫色金闕)이 있으니 그 안에 태미옥청궁(太微玉淸宮)이 있도다.

무극(無極)하며 무상(無上)하신 성인께서 대광명(大光明)을 발(發)하시니 적적(寂寂)하여 호연(浩然)하기가 으뜸이도다.

현묘한 법도를 세워 시방(十方)을 거느리시고 깊고도 적적(寂寂)한 진상도(眞常道)로 큰 은하수(銀河水)와 같은 대신통(大神通)을 나투시는 옥황대천존(玉皇大天尊)이신 현궁고상제(玄穹高上帝)께 지심(至心)으로 귀명(歸命)하옵나이다.

太上彌羅無上天 妙有玄眞境 渺渺紫金闕 太微玉淸
태 상 미 라 무 상 천　묘 유 현 진 경　묘 묘 자 금 궐　태 미 옥 청

宮 無極無上聖 廓落發光明 寂寂浩無宗 玄範總十方
궁　무 극 무 상 성　확 락 발 광 명　적 적 호 무 종　현 범 총 시 방

湛寂眞常道 恢漢大神通 玉皇大天尊 玄穹高上帝
담 적 진 상 도　회 한 대 신 통　옥 황 대 천 존　현 궁 고 상 제

【지심귀명례(至心歸命禮)】

구천응원부(九天應元府)의 무상옥청왕(無上玉淸王)이
시니 시방(十方)에 가득 화형(化形)하시고 도(道)를 말씀
하시며 구봉(九鳳)을 타시도다.

삼십육천(三十六天)의 위에 계시면서 보배책을 보시고
옥(玉)으로 된 글을 살피시도다.

천오백겁(千五百劫) 이전에 위(位)가 상진(上眞)에 오르
시어 권세를 잡아 대화(大化) 하시도다.

손을 들어 뜻대로 금광(金光)을 나투시고 널리 옥추보
경(玉樞寶經)을 설(說)하시니 순응하지 않으면 먼지로 만
들고 호령하시기가 풍화(風火)와 같이 빠르도다.

청정심(淸淨心)으로 크나큰 대원(大願)을 세우시고 지
혜력(智慧力)으로 제마(諸魔)를 항복 시키시도다.

오뢰(五雷)를 거느리고 삼계(三界)에 마음을 옮기시니
모든 중생의 아비이고 만령(萬靈)의 스승이시라.

대성대자(大聖大慈)하고 지극한 도(道)와 하나이신 구
천응원뇌성보화천존(九天應元雷聲普化天尊)께 지심(至心)
으로 귀명(歸命)하옵나이다.

九天應元府 無上玉淸王 化形而滿十方 談道而趺九
구 천 응 원 부　무 상 옥 청 왕　화 형 이 만 시 방　담 도 이 부 구

鳳 三十六天之上 閱寶笈 攷瓊書 千五百劫之先 位
봉　삼 십 육 천 지 상　열 보 급　고 경 서　천 오 백 겁 지 선　위

上眞 權大化 手擧金光如意 宣說玉樞寶經 不順化作
상 진　권 대 화　수 거 금 광 여 의　선 설 옥 추 보 경　불 순 화 작

微塵 發號疾如風火 以淸淨心而弘大願 以智慧力而
미 진　발 호 질 여 풍 화　이 청 정 심 이 홍 대 원　이 지 혜 력 이

伏諸魔 總司五雷 運心三界 群生父 萬靈師 大聖大
복 제 마　총 사 오 뢰　운 심 삼 계　군 생 부　만 령 사　대 성 대

慈 至皇至道 九天應元雷聲普化天尊
자　지 황 지 도　구 천 응 원 뇌 성 보 화 천 존

【지심조례(至心朝禮)】

구천응원뇌성보화천존(九天應元雷聲普化天尊)이시여
살생(殺生)한 중죄(重罪)를 소멸시켜 주시기를

바라옵나니 지심(至心)으로 예(禮)를 올리나이다.

구천응원뇌성보화천존(九天應元雷聲普化天尊)이시여
도둑질한 중죄(重罪)를 소멸시켜 주시기를 바라옵나
니 지심(至心)으로 예(禮)를 올리나이다.

구천응원뇌성보화천존(九天應元雷聲普化天尊)이시여
사음(邪淫)한 중죄(重罪)를 소멸시켜 주시기를 바라옵
나니 지심(至心)으로 예(禮)를 올리나이다.

구천응원뇌성보화천존(九天應元雷聲普化天尊)이시여
망령(妄靈)된 말을 한 중죄(重罪)를 소멸시켜 주시기를
바라옵나니 지심(至心)으로 예(禮)를 올리나이다.

구천응원뇌성보화천존(九天應元雷聲普化天尊)이시여
꾸미는 말을 한 중죄(重罪)를 소멸시켜 주시기를 바라
옵나니 지심(至心)으로 예(禮)를 올리나이다.

구천응원뇌성보화천존(九天應元雷聲普化天尊)이시여
두 말을 한 중죄(重罪)를 소멸시켜 주시기를 바라옵나

니 지심(至心)으로 예(禮)를 올리나이다.

구천응원뇌성보화천존(九天應元雷聲普化天尊)이시여
악한 말을 한 중죄(重罪)를 소멸시켜 주시기를 바라옵
나니 지심(至心)으로 예(禮)를 올리나이다.

구천응원뇌성보화천존(九天應元雷聲普化天尊)이시여
탐욕(貪慾)을 한 중죄(重罪)를 소멸시켜 주시기를 바라
옵나니 지심(至心)으로 예(禮)를 올리나이다.

구천응원뇌성보화천존(九天應元雷聲普化天尊)이시여
성을 낸 중죄(重罪)를 소멸시켜 주시기를 바라옵나니
지심(至心)으로 예(禮)를 올리나이다.

구천응원뇌성보화천존(九天應元雷聲普化天尊)이시여
우치(愚痴)한 중죄(重罪)를 소멸시켜 주시기를 바라옵
나니 지심(至心)으로 예(禮)를 올리나이다.

백겁(百劫)에 쌓인 죄, 한 생각에 모두 없어지는 것이
마른 풀을 태우듯 흔적조차 없어지이다.

죄(罪)의 자성(自性) 본래 없어 마음 따라 일어난 것,
마음 한 번 없어지면 죄 또한 사라지리.

죄도 없고 마음도 사라져 둘 다 함께 공(空)하면 이를
일러 참된 참회(懺悔)라고 하느니.

九天應元雷聲普化天尊 願消 殺生重罪 至心朝禮
구 천 응 원 뇌 성 보 화 천 존 원 소 살 생 중 죄 지 심 조 례

九天應元雷聲普化天尊 願消 偸盜重罪 至心朝禮
구 천 응 원 뇌 성 보 화 천 존 원 소 투 도 중 죄 지 심 조 례

九天應元雷聲普化天尊 願消 邪淫重罪 至心朝禮
구 천 응 원 뇌 성 보 화 천 존 원 소 사 음 중 죄 지 심 조 례

九天應元雷聲普化天尊 願消 妄語重罪 至心朝禮
구 천 응 원 뇌 성 보 화 천 존 원 소 망 어 중 죄 지 심 조 례

九天應元雷聲普化天尊 願消 綺語重罪 至心朝禮
구 천 응 원 뇌 성 보 화 천 존 원 소 기 어 중 죄 지 심 조 례

九天應元雷聲普化天尊 願消 兩說重罪 至心朝禮
구 천 응 원 뇌 성 보 화 천 존 원 소 양 설 중 죄 지 심 조 례

九天應元雷聲普化天尊 願消 惡口重罪 至心朝禮
구 천 응 원 뇌 성 보 화 천 존 원 소 악 구 중 죄 지 심 조 례

九天應元雷聲普化天尊 願消 貪愛重罪 至心朝禮
구 천 응 원 뇌 성 보 화 천 존 원 소 탐 애 중 죄 지 심 조 례

九天應元雷聲普化天尊 願消 瞋恚重罪 至心朝禮
구 천 응 원 뇌 성 보 화 천 존 원 소 진 에 중 죄 지 심 조 례

九天應元雷聲普化天尊 願消 痴暗重罪 至心朝禮
구 천 응 원 뇌 성 보 화 천 존 원 소 치 암 중 죄 지 심 조 례

百劫積集罪 一念頓蕩盡 如火焚枯草 滅盡無有餘
백 겁 적 집 죄 일 념 돈 탕 진 여 화 분 고 초 멸 진 무 유 여

罪無自性從心起 心若滅時罪亦亡
죄 무 자 성 종 심 기 심 약 멸 시 죄 역 망

罪亡心滅兩俱空 是卽名爲眞懺悔
죄 망 심 멸 양 구 공 시 즉 명 위 진 참 회

제4부

사십팔장상(四十八將相) 및 변상도(變相圖)

主 敎 法 萬

東華教主
동 화 교 주

主教華東

大法天師
대 법 천 사

師 天 法 大

君眞許濟玅功神

師天丘濟弘

許靜張天師
허 정 장 천 사

師 天 張 靜 許

旌陽許眞君

海瓊白眞人
해 경 백 진 인

人 眞 白 瓊 海

洛陽薩眞人
낙 양 살 진 인

人眞薩陽洛

主雷鄧天君
주뢰등천군

君天鄧雷主

判府辛天君
관 부 신 천 군

君天辛府判

飛捷張天君
비 첩 장 천 군

君天張捷飛

君天朱孛月

師祖辛主教玄洞

清微敎主魏元君
청 미 교 주 위 원 군

靑微敎主祖元君
청 미 교 주 조 원 군

君元魏主敎微清　　君元祖主敎微靑

洞玄傳教馬元君
동 현 전 교 마 원 군

君元馬教傳玄洞

混元教主葛眞君
혼 원 교 주 갈 진 군

混元教主路眞君
혼 원 교 주 로 진 군

君眞葛主教元混　　君眞路主教元混

神霄傳教呂眞仙　　　神霄傳教鐘離眞仙
신 소 전 교 여 진 선　　　신 소 전 교 종 리 진 선

仙眞呂敎傳霄神　仙眞離鐘敎傳霄神

君天謝德火

玉府劉天君
옥 부 유 천 군

君天劉府玉

君天大任

君天大寧

雷門茍元帥
뇌 문 구 원 수

帥元茍門雷

帥元畢門雷

靈官馬元帥
영 관 마 원 수

帥元馬官靈

都督趙元帥
도 독 조 원 수

帥 元 趙 督 都

虎丘高元帥
호 구 고 원 수

虎丘王元帥
호 구 왕 원 수

帥元高丘虎　　　帥元王丘虎

混元龐元帥
혼원방원수

帥 元 龐 元 混

仁聖康元帥
인 성 강 원 수

帥元康聖仁

太歲殷元帥
태세은원수

帥元殷歲太

考校党元帥
고 교 당 원 수

帥 元 党 校 考

酆都孟元帥
풍도맹원수

帥 元 孟 都 酆

翊靈溫元帥
익 령 은 원 수

帥 元 溫 靈 翊

糾察王副帥
규 찰 왕 부 수

帥副王察糾

帥 元 李 鋒 先

猛烈鐵元帥
맹 렬 철 원 수

帥 元 鐵 烈 猛

風輪周元帥
풍 륜 주 원 수

帥元周輪風

地祇楊元帥
지 기 양 원 수

帥 元 楊 祇 地

朗靈關元帥
낭 령 관 원 수

帥 元 關 靈 朗

忠翊張元帥
충 익 장 원 수

帥元張翊忠

洞神劉元帥
동 신 유 원 수

帥 元 劉 神 洞

豁落王元帥
활 락 왕 원 수

帥 元 王 落 豁

神雷石元帥
신 뢰 석 원 수

帥 元 石 雷 神

監生高元帥
감 생 고 원 수

帥元高生監

相寶王神檀栴

변상도(變相圖)

學道希仙章 第一
학 도 희 선 장 제 일

五行九曜章 第三
오 행 구 요 장 제 삼

召九靈章 第二
소 구 령 장 제 이

婚合章 第七
혼 합 장 제 칠

土皇章 第六
토 황 장 제 육

伐廟遣崇章 第九
벌 묘 견 수 장 제 구

鳥鼠章 第八
조 서 장 제 팔

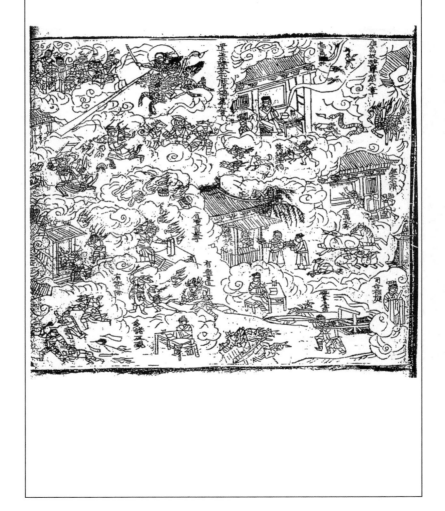

遠行章 第十一
원 행 장 제 십 일

蠱勞療章 第十
고 로 채 장 제 십

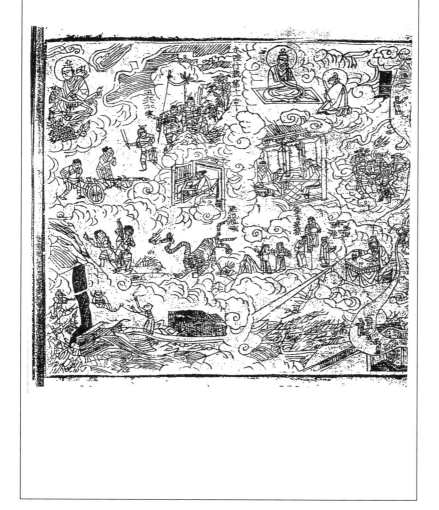

寶經功德章 第十五
보 경 공 덕 장 제 십 오

寶偈章
보 게 장

報應章 上下
보 응 장 상 하

제4부 사십팔장상(四十八將相) 및 변상도(變相圖) *317*

제5부

부전십오도(符籙十五道)

學道希仙章 第一
학 도 회 선 장 제 일

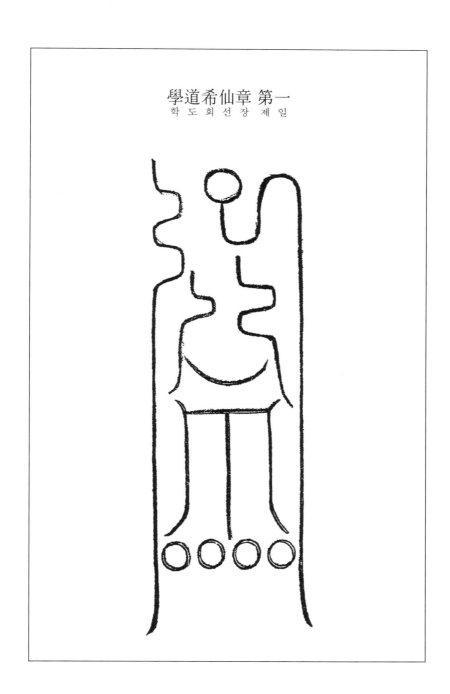

五行九曜章 第三
오 행 구 요 장 제 삼

召九靈章 第二
소 구 령 장 제 이

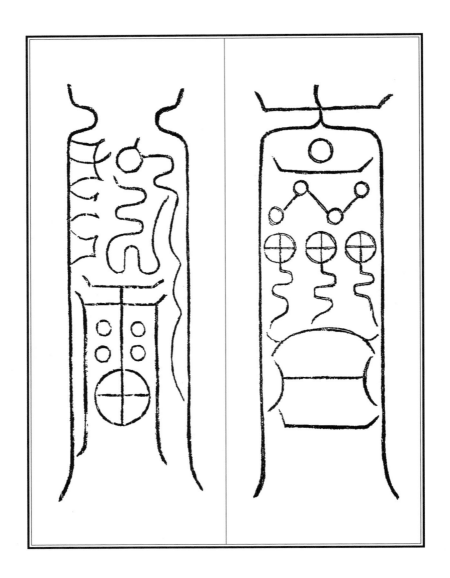

官府章 第五
관 부 장 제 오

沈痾痼疾章 第四
침 아 고 질 장 제 사

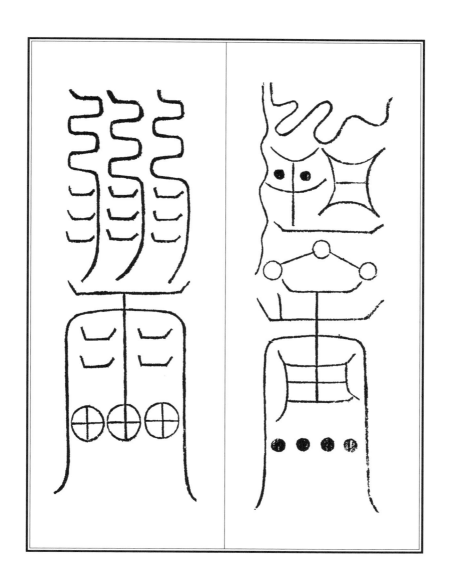

婚合章 第七
혼 합 장 제 칠

土皇章 第六
토 황 장 제 육

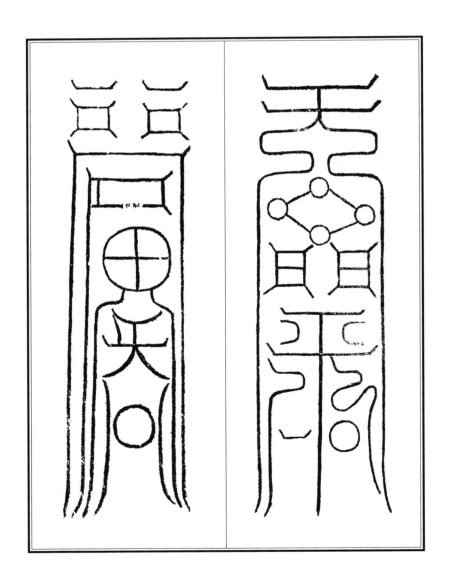

伐廟遣崇章 第九
벌 묘 견 수 장 제 구

鳥鼠章 第八
조 서 장 제 팔

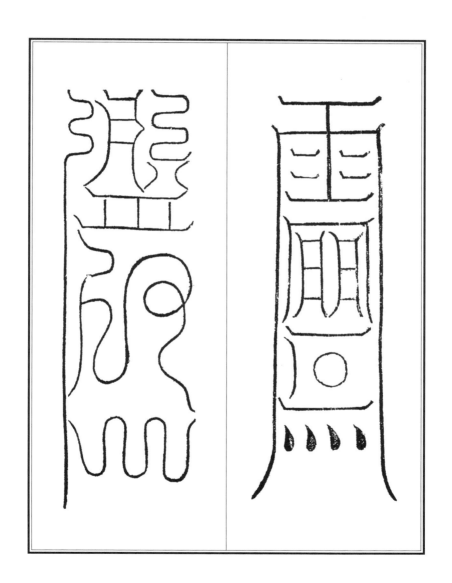

遠行章 第十一
원 행 장 제 십 일

蠱勞瘵章 第十
고 로 채 장 제 십

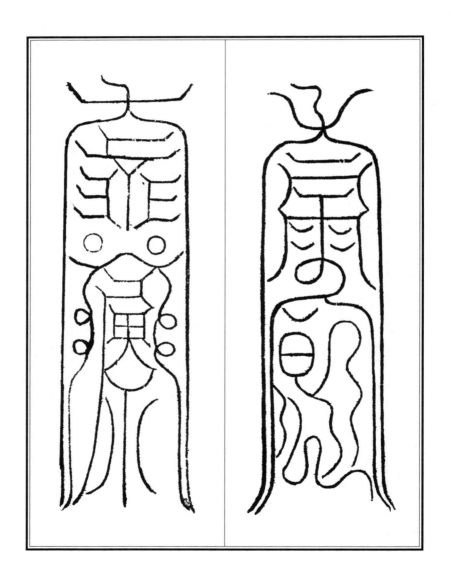

免災橫章 第十三
면 재 횡 장 제 십 삼

亢陽雨澤章 第十二
항 양 우 택 장 제 십 이

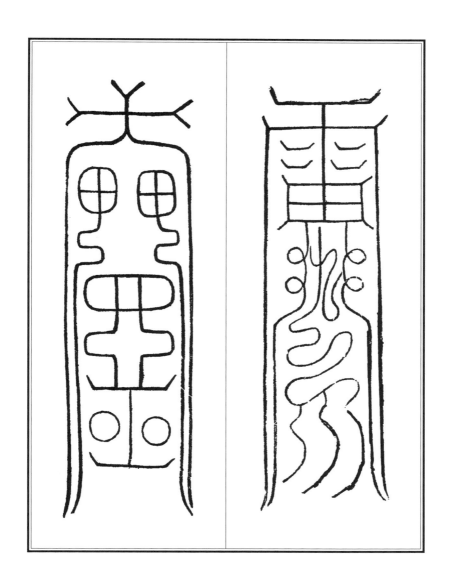

寶經功德章 第十五
보 경 공 덕 장 제 십 오

五雷斬勘章 第十四
오 뢰 참 감 장 제 십 사

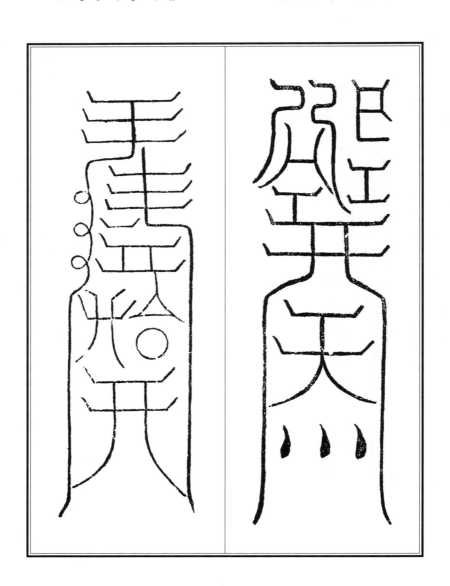

수심정경(修心正經)

통만법명일심(通萬法明一心)

머리말

수심정경(修心正經)은

영보국정정편(靈寶局定靜篇, 수심정경 1~5장)

동현영보정관경(洞玄靈寶定觀經, 6장)

태상노군설상청정묘경(太上老君說常淸淨妙經, 7장)

태상적문동고경(太上赤文洞古經, 7장)

영보천존설대통경(靈寶天尊說大通經, 7장)

그리고 총론인 제8장으로 구성되어 있습니다.

영보국정정편은 구한말 이옥포(李玉圃)라는 분이 지었다고 하는데 선생의 독창적인 저술이 아니라 송말원초(宋末元初)의 정소남(鄭所南, 1241~1318) 선생의 태극제련내법의략(太極祭鍊內法議略)을 수정 보완하여 지었다고 합니다.

정소남 선생은 도교 영보파(靈寶派)의 도사인데 본래 남송(南宋)의 태학생(太學生)으로 있다가 나라가 몽골에게 망하자 벼슬을 포기하고 도교(道敎)와 선(禪)에 심취했다고 전해집니다.

영보파는 타좌내련(打坐內鍊)의 공부와 선천뢰법(先天雷法), 살진군신소청부오뢰비법(薩眞君神霄靑符五雷秘法), 천심오뢰정법(天心五雷正法) 등의 뢰법(雷法)으로 법술(法術)을 행했습니다.

뇌법(雷法)은 삿된 귀신을 물리치거나 망혼(亡魂)과 음귀(陰鬼)를 천도하고 제도하거나 천둥과 번개를 부르거나 비를 오게도 하고 그치게도 하는 등의 법술인 것이며 마음을 닦는 공부는 아닙니다.

태극제련내법의략의 법술에 관한 내용은 빼고 중용(中庸)의 솔성실행(率性實行)하는 정신을 더하여 이옥포 선생이 새로 지은 것이 영보국정정편입니다.

이 책이 증산천사(甑山天師, 1871~1909)께 전해졌는데 본인이 직접 전한 것인지 제자들이 증산천사의 문하에 들어가 전한 것인지 이는 분명치 않습니다.

이후 증산천사께서 간직하고 있다가 1909년 입적(入寂)하였는데 입적하기 전 어느날 서재같이 쓰는 방 천장에 영보국정정편을 넣고 봉하면서 외동딸 순임에게

"뒷날 여기를 열고 찾아갈 사람이 있을 터이니 이 주인이 오도록 까지는 입 밖에 말을 내지 말고 그대로 두라"고 했다고 합니다.

원불교(圓佛敎) 2대 종법사이신 정산종사(鼎山宗師)께서 1917년 열여덟의 나이로 한창 스승을 찾아 구도행각을 할 때에 순임을 만나고 순임의 인도로 천장을 뜯고 영보국정정편을 얻게 되었습니다.

후에 스승인 소태산 대종사(少太山 大宗師)를 뵙고 스승께 이 책을 바치게 되고 대종사께서 영보국정정편과 도교의 정통도장(正

統道藏)에 실려 있는 정관경, 상청정경, 동고경, 대통경의 4종의 도서(道書)를 합편하여 원불교 초기 교단에서 교재로 활용했습니다.

이렇게 5종 도서(道書)를 합편한 것을 정산종사께서 약간의 수정을 가하여 7장으로 정리하고 8장은 총론 격으로 정산종사께서 직접 지어 수심정경(修心正經)이라고 이름 한 것입니다.

이러한 내용은 주산 박용덕(主山 朴龍德) 교무님의 원불교 초기 교단사를 다룬 '천하농판'에서 발췌, 인용했습니다.

이상이 수심정경에 관한 간략한 내용이며 실제 선수행(禪修行)의 보배로운 가르침인 원불교의 무시선법(無時禪法)의 법문으로 서문을 대신할까 합니다.

대범 선(禪)이라 함은 원래에 분별주착(分別住着)이 없는 각자의 성품을 오득(悟得)하여 마음의 자유를 얻게 하는 공부(工夫)인바 예로부터 큰 도(道)에 뜻을 둔 사람으로서 선(禪)을 닦지 아니한 일이 없나니라.

사람이 만일 참다운 선(禪)을 닦고자 할진대 먼저 마땅히 진공(眞空)으로 체(體)를 삼고 묘유(妙有)로 용(用)을 삼아 밖으로 천만 경계를 대하되 부동함은 태산과 같이 하고, 안으로 마음을 지키되 청정함은 허공과 같이 하여 동하여도 동하는 바가 없고, 정하여도 정하는 바가 없이 그 마음을 작용하라.

이같이 한 즉 모든 분별이 항상 정(定)을 여의지 아니하여 육근

(六根)을 작용하는 바가 다 공적영지(空寂靈知)의 자성(自性)에 부합이 될 것이니 이것이 이른바 대승선(大乘禪)이요, 삼학(三學)을 병진하는 공부법이니라.

그러므로 경(經)에 이르시되

"응(應)하여도 주(住)한 바 없이 그 마음을 내라" 하시었나니 이는 곧 천만 경계 중에서 동하지 않는 행을 닦는 대법(大法)이라. 이 법이 심히 어려운 것 같으나 닦는 법만 자상히 알고 보면 괭이를 든 농부도 선(禪)을 할 수 있고 망치를 든 공장(工匠)도 선(禪)을 할 수 있으며 주판을 든 점원도 선(禪)을 할 수 있고 정사를 잡은 관리도 선(禪)을 할 수 있으며 내왕하면서도 선(禪)을 할 수 있고 집에서도 선(禪)을 할 수 있나니 어찌 구차히 처소를 택하며 동정(動靜)을 말하리요.

그러나, 처음으로 선(禪)을 닦는 사람은 마음이 마음대로 잘 되지 아니하여 마치 저 소 길들이기와 흡사하나니 잠깐이라도 마음의 고삐를 놓고 보면 곧 도심(道心)을 상하게 되나니라.

그러므로 아무리 욕심나는 경계(境界)를 대할지라도 끝까지 싸우는 정신을 놓지 아니하고 힘써 행한 즉 마음이 차차 조숙(調熟)되어 마음을 마음대로 하는 지경에 이르나니 경계를 대할 때마다 공부할 때가 돌아온 것을 염두에 잊지 말고 항상 끌리고 안 끌리는 대중만 잡아갈지니라.

그리하여, 마음을 마음대로 하는 건수가 차차 늘어가는 거동이 있은 즉 시시로 평소에 심히 좋아하고 싫어하는 경계에 놓아 맡

겨 보되 만일 마음이 여전히 동하면 이는 도심(道心)이 미숙한 것이요,

동하지 아니하면 이는 도심이 익어가는 증거인 줄로 알라.

그러나, 마음이 동하지 아니한다 하여 즉시에 방심은 하지 말라. 이는 심력(心力)을 써서 동하지 아니한 것이요,

자연히 동하지 않은 것이 아니니 놓아도 동하지 아니하여야 길이 잘 든 것이니라. 사람이 만일 오래오래 선(禪)을 계속하여 모든 번뇌를 끊고 마음의 자유를 얻은 즉 철주(鐵柱)의 중심(中心)이 되고 석벽(石壁)의 외면(外面)이 되어 부귀영화도 능히 그 마음을 달래어 가지 못하고 무기와 권세로도 능히 그 마음을 굽히지 못하며 일체 법을 행하되 걸리고 막히는 바가 없고 진세(塵世)에 처하되 항상 백천삼매(百千三昧)를 얻을지라.

이 지경에 이른 즉 진대지(盡大地)가 일진법계(一眞法界)로 화하여 시비선악(是非善惡)과 염정제법(染淨諸法)이 다 제호(醍醐)의 일미(一味)를 이루리니 이것이 이른바 불이문(不二門)이라.

생사 자유와 윤회 해탈과 정토 극락이 다 이 문으로부터 나오나니라.

근래에 선(禪)을 닦는 무리가 선(禪)을 대단히 어렵게 생각하여 처자가 있어도 못할 것이요, 직업을 가져도 못할 것이라 하여 산중에 들어가 조용히 앉아야만 선(禪)을 할 수 있다는 주견을 가진 사람이 많나니, 이것은 제법(諸法)이 둘 아닌 대법(大法)을 모르는 연고라.

만일 앉아야만 선(禪)을 하는 것일진대 서는 때는 선(禪)을 못하게 될 것이니, 앉아서만 하고 서서 못하는 선(禪)은 병든 선(禪)이라, 어찌 중생을 건지는 대법이 되리요. 뿐만 아니라, 성품의 자체가 한갓 공적(空寂)에만 그친 것이 아니니 만일 무정물(無情物)과 같은 선(禪)을 닦을진대 이것은 성품을 단련하는 선공부(禪工夫)가 아니요 무용한 병신을 만드는 일이니라.

그러므로, 시끄러운 데에 처해도 마음이 요란하지 아니하고 욕심 경계를 대하여도 마음이 동(動)하지 아니하여야 이것이 참 선(禪)이요 참 정(定)이니 다시 이 무시선(無時禪)의 강령을 들어 말하면 아래와 같나니라.

"육근(六根)이 무사(無事)하면 잡념을 제거하고 일심(一心)을 양성하며 육근(六根)이 유사(有事)하면 불의를 제거하고 정의를 양성하라."

乙酉年(2005) 따뜻한 경칩절에

許侍聖 合掌

제1장

명정정대지(明定靜大旨)

－ 영보국정정편(靈寶局定靜篇) －

　무릇 수양(修養)이란 망념(妄念)을 닦고(修) 진성(眞性)을 기름(養)이니 양성(養性)의 공부(工夫)는 정정(定靜)으로써 근본을 삼느니라.

　정정(定靜)하는 법(法)은 지극히 넓고 지극히 크고 지극한 원(願)을 품고, 지극한 정성과 지극한 신심(信心)과 지극히 깊은 마음을 발(發)하여 염념불망(念念不忘) 즉 정정(定靜)을 가히 얻으리라.

　정(定)이란 한결같이 정(定)하여 공부(工夫)하는 데에 더 이상의 다른 이치를 찾지 않으며 세상을 미혹케 하는 수많은 법술(法術)에 빠지지 않는 것이요,

　정(靜)이란 한결같은 정(定)에 머물러서 다른 것에 마음이 움직이지 않아 부귀영화도 능히 마음을 달래어 가지 못하고 금옥보패(金玉寶貝)도 그 뜻을 빼앗아 가지 못

하는 것이니라.

한 뜻으로 정(定)하여 오심(五心)이 부동(不動)하면 이 것이 곧 맹자(孟子)의 부동심(不動心)이요,

노자(老子)의 귀근정(歸根靜)이니라.

위로는 색계(色界)가 없고 아래로는 욕해(慾海)가 없어 지고 일념(一念)이 만년(萬年)가면 이목(耳目)이 청정해 지고 심신(心身)을 잊어 신(神)과 기(氣)가 시원해지느니라.

내(內)와 외(外)가 모두 공(空)하여져 깊은 선정(禪定)에 들어 적적(寂寂)하고 적적(寂寂)하여 깊은 맑음으로 하나가 되느니라.

나의 태일천(太一天)을 온전히 하면 신(神)과 기(氣)가 맑고 깨끗해지며 신광(神光)이 밝고 밝아져 비추지 않는 곳이 없고 통하지 않는 이치가 없느니라.

그러나 시끄럽게 움직이면 신(神)과 기(氣)가 어두워 지고 신광(神光)도 어두워 지나니 어찌 생각을 담아두리요.

오직 면면밀밀(綿綿密密)하여 염(念)하되 불념(不念)이면 일심(一心)이 부동(不動)하고 백맥(百脈)이 근원으로 돌아와 자연히 수승화강(水昇火降)하여 기정신청(氣定神

淸)하므로 크나큰 하늘에 발광(發光)하고 텅 빈 방에 흰 빛이 생기느니라(虛室生白).

위로는 천계(天界)에 통(通)하고 아래로는 지부(地府)에 통하며 비고 또 비고(空空) 깊고 깊어(洞洞) 광명이 끝이 없는데 움직여도 마음에 간격이 없으면 귀신경계(鬼神境界)도 가히 꿰뚫어 볼 수 있느니라.

제2장
명금기(明禁忌)

공부(工夫)하는 데에 다섯 가지 금(禁)하는 바가 있으니

첫째, 정법(正法)을 믿지 않음이요.
둘째, 삼가고 경계하지 않음이요.
셋째, 시비(是非)를 알지 못하고 제 뜻만을 고집함이요.
넷째, 가벼이 좋아하고 싫어함이요.
다섯째, 도(道)를 속히 이루고자 함이라.

이 모두가 공부하는데 대병(大病)이니 삼가고 삼가지 않으면 사도(邪道)의 무리에 떨어지고 마느니라.
처음 공부하는 이가 고요히 앉으면 마음이 정(定)하지 못하여 괴로움을 느끼어 번잡한 생각이 더 일어나는데 억지로 누르면 마음이 어지럽고 고통스러우므로 마음을 편안하고 넓게 가져 자연(自然)한 가운데 맡겨 두면

정정(定靜)을 스스로 얻으리라.

비유하면 탁(濁)한 물이 청(清)해지기를 기다리는 것과 같으니 빨리 깨끗해지기를 바래 물에 들어가서 덤벙거리면 흙이 일어나 더욱 탁해지느니라.

그러므로 정관경(定觀經)에서 급한 마음을 가장 먼저 경계한 것이며 정(定)에 들지 못했는데 악(惡)한 경계(境界)가 생각들면 마음을 돌려 한가로운 뜻을 가지고 밀밀(密密)히 구천응원뇌성보화천존(九天應元雷聲普化天尊) 10자성호(十字聖號)를 외거나 성사(聖師)의 가르침을 되새기고 스스로의 본원(本願)을 다시 다지면 자연히 정정(定靜)하리라.

그러므로 정(定)에 들 때에 만 가지 생각이 나더라도 급한 마음을 쓰면 아니 되느니라.

경계(境界)에 응(應)하여 일어나는 일체(一切)의 기이(奇異)하고 수승(殊勝)하며 선악(善惡) 간의 현상들이 모두 네 마음을 따라 일어나고, 네 마음을 따라 생기며, 네 마음을 따라 구해지며, 네 마음을 따라 나타나느니라.

도심(道心)보다 인심(人心)이 앞서서 도심(道心)이 가려지면 사사롭고(私) 삿된(邪) 데에 떨어져 정기(正氣)는 약해지고 사기(邪氣)는 왕성해지나니 어찌 삼가지 않으리오.

또한 유명계(幽冥界)도 다만 내 일념(一念)이 한번 굴러 옮기는 곳에 있나니 어떤 화려한 정경이 나타나도 그것에 마음을 두지 말아야 하느니라.

만약 그러한 환영(幻影)이 보이더라도 보이지 않는 것과 같이 하여 조금도 마음에 두지 말고 반드시 일점(一点)의 진심(眞心)으로 현묘(玄妙)한 지경으로 돌아와서 정성이 지극하면 철석(鐵石)도 쪼갤 수 있으며 골육(骨肉)도 분형(分形)할 수 있느니라.

그러므로 마음이 천지만령(天地萬靈)의 주인이고 몸은 음양조화(陰陽造化)의 집이니라.

음부경(陰符經)에 이르되

"오적(五賊)이 마음에 없으면 우주가 내 장중(掌中)에 있고 일만 가지 조화(造化)가 이 몸에 있느니라."
한 것이 곧 이 뜻이니라.

근래에 수련(修煉)하는 이들이 왕왕 바깥으로 허황한 것을 구하여 욕심이 가득한 마음으로 주문(呪文)만을 외우며 자칭 공부(工夫)한다고 하는데, 이는 공연히 세월만 헛되이 보내는 것이니 어떻게 진경(眞境)에 이를 수 있으리오.

무릇 지극한 도(道)는 깊고 깊지만 다른 데에 있지 않으니 사람이 능히 도(道)를 넓히면 도(道)가 사람과 멀지 않느니라.

주자(朱子)께서 말씀하시기를

"도(道)는 잠깐이라도 이 몸을 떠나지 않는다."라 하시고

자사(子思)께서 말씀하시기를

"솔성(率性)이 곧 도(道)"라고 하시고

증자(曾子)께서 말씀하시기를

"지지(知止)한 후에 유정(有定)하고, 정(定) 후에 능히 정(靜)하고, 정(靜)한 후에 능히 안(安)하고, 안(安) 후에 능히 려(慮)하고, 려(慮)한 후에 능히 득(得)한다."라 하시니 이는 모두 스스로 그 명덕(明德)을 밝히는 일이니라.

내게 이미 명덕(明德)이 있는데 어찌 수련(修煉)하여 밝히지 아니하리오.

이미 하늘로부터 부여받은 명덕(明德)이 나에게 있음을 알고, 수련하는 것도 내게 달린 것을 안다면 닦아서

덕(德)을 이루는 것도 오직 내 한마음에 있는 것이니 어찌 구구(區區)하게 외물(外物)에서 찾고 바깥으로 허황한 것을 구하겠는가.

진실로 정정(定靜)으로 진도(眞道)를 얻어야 하지 않겠는가.

제3장
명연기방법(明煉氣方法)

무릇 수련(修煉)하는 이가 수화(水火)의 현묘(玄妙)한 이치와 오행(五行)의 생화(生化)하는 도리를 모르면 한낱 어린아이의 분단장하는 놀이와 다를 것이 없느니라.

대저 정정(定靜)을 수련하는 법은 자기조화(自己造化)를 수련하는 도(道)니 진실로 힘써 행하면 심화(心火)는 하강(下降)하고 신수(腎水)는 상승(上昇)하는데 수승화강(水昇火降)하는 것이 정정(定靜)의 첩경(捷徑)이며 수(壽)를 늘이는 길이니라.

사람이 생각이 많아 번뇌(煩惱)하여 심기(心氣)가 어그러지면 입이 쓰고 마르며, 머리가 뜨끈뜨끈하고 어지러운데 이는 화기(火氣)가 위로 오르는 연고니라.

생각이 안정(安靜)하여 심기(心氣)가 평순(平順)하면 입이 달고 윤활해지며, 머리가 시원하고 깨끗해지는데 이는 수기(水氣)가 위로 오르는 연고니라.

수승(水昇)하면 화강(火降)하지만 화승(火昇)하면 수기 (水氣)가 윤활한 침을 만들지 못하며 하룻밤 만에 수기 (水氣)를 마르게 하여 정(精)과 기(氣)를 태우느니라.

그러므로 수련을 시작할 때는 마땅히 외경(外境)을 피하고 많은 생각들을 경계해야 하며 성내지 말아야 하느니라.

심신(心身)을 한가롭고 편안하게 가지며 넓고 부드러운 마음을 가지면 마음이 답답하고 머리가 뜨거운 현상이 없어지리니 이것이 외련(外煉)하는 이치니라.

일상생활 할 때에는 처소에 따라 마음을 온전히 하여 동쪽에 있으면서 서쪽을 생각하지 말고 서쪽에 있으면서 동쪽을 생각하지 말라.

매일 맑은 새벽과 밤에는 좌선(坐禪)을 해야 하나니 좌선하는 법은 먼저 정좌(正坐)를 하는데 몸이 기울지 않게 하여 불편하지 않은 연후에 숨을 고르고 기(氣)를 아래로 내리며 뜻을 하단전(下丹田)에 두어 정(定)으로써 수심(守心)하고 적(寂)과 조(照)가 불매(不昧)하면 이것이 곧 내련(內煉)하는 이치니라.

이와 같이 오랜 날을 행하여 성숙(成熟)하면 자연히 오기(五氣)가 상생(相生)하고 수화(水火)가 순환(循環)하느니라.

진일(眞一)한 물이 입안에 가득하여 달고 윤활하고 향기로운 맛이 나는 것이 평상시와 다를지니 이는 신중(腎中)의 진수(眞水)가 위로 오르는 실증이니라.

입안에 가득 고인 물을 뱉지 말고 삼켜 내리면 몸에 윤기가 나고 신(神)이 통(通)하며 정(精)과 기(氣)가 왕성해지리니 옛 성인께서

"감로(甘露)를 먹어 장양(長養)을 얻는다."고 하신 것이 이를 이름이라.

감(坎)과 이(離)가 서로 작용하여 수화(水火)가 기제(旣濟)하면 일신(一身)의 만령(萬靈)이 위로 니환(泥丸)에 조회(朝會)하느니라.

선정(禪定)에 들어 일점(一點)의 영광(靈光)을 운행(運行)하면 화(化)하여 남창상궁(南昌上宮 : 中丹田인 絳宮)에 불구슬(火鈴)이 되어 위로 니환현궁(泥丸玄宮)을 뚫으리니 처음에는 일만 마리의 개미가 모이는 것과 같느니라.

심히 가렵더라도 긁지 말고 정상(頂上)에 정신(精神)을 모으면 홀연히 맑은 우레 소리가 나며

정문(頂門)이, 거석(巨石)이 쪼개지는 것과 같이 열려

서 일신만령(一身萬靈)이 이 문(門)으로 출입(出入)하게 되고 얼굴과 몸에서 나는 광명(光明)이 보름달의 달빛과 같느니라.

삼계(三界)의 천진(天眞)이 니환(泥丸)에 구름같이 모여들어 환희와 화열(和悅)함이 동기(同氣) 간의 친함과 같으니 이는 실로 조정(朝庭)에서 묵연(默然)히 상제(上帝)님을 뵙는 것과 같은 이치니라.

이 법은 하단전(下丹田)에 뜻을 두고 수련(修煉)하여 성숙(成熟)되면 자연스럽게 영기(靈氣)를 운행(運行)할 때의 공부(工夫)이므로 초학자(初學者)가 억지로 하는 공부가 아니니라.

만약 욕심으로 이 법(法)을 강행(强行)하면 도리어 상기(上氣)의 병을 얻으리니 공부하는 사람은 마땅히 삼가해야 하느니라.

정정(定靜)하는 법을 행(行)함이 이 일로 말미암을 따름이니 정정(定靜)하지 못하면 수화(水火)가 부제(不濟)하고, 수화(水火)가 부제(不濟)하면 영기(靈氣)가 불회(不會)하고, 영기(靈氣)가 불회(不會)하면 혜문(慧門)이 열리지 않느니라.

이 법은 전도(傳道)의 비결(秘訣)이요, 수도(修道)의 요

체(要體)며 각도(覺道)의 진결(眞訣)이니 이 법을 얻어 이 법에 의하여 행하는 사람은 기일을 정하고 공부하여 성 공할 수 있느니라.

제4장

명입문요법(明入門要法)

선요(禪要)에 이르기를
"세 가지 크게 중요한 점이 있으니

첫째, 대신근(大信根)이요
둘째, 대분지(大忿志)요
셋째, 대의정(大疑情)이니

의(疑)는 신(信)으로 체(體)를 삼고 깨달음(悟)은 의(疑)로써 용(用)을 삼느니라.

신(信)이 십분(十分)이면 의(疑)도 십분(十分)이 되고, 의(疑)가 십분(十分)이면 깨달음(悟)도 십분이라."고 하니 이 말은 곧 정정(定靜)하는 법의 지름길이니라.

어찌하여 그런가.

대원(大願)이 없으면 지성(至誠)이 나지 않고

대의(大疑)가 없으면 사분(死忿)이 나지 않고

대신(大信)이 없으면 진의(眞疑)가 나지 않느니라.

또 묻되 어찌하여 원(願) 가운데

신(信)과 분(忿)과 의(疑)의 정성이 나게 되는가.

천하(天下)의 지묘(至妙)하고 지보(至寶)하며

지성(至誠)하고 지존(至尊)한 법(法)이 있으니

오직 하나의 영보진국(靈寶眞局)이라.

영보진국(靈寶眞局)은 사람마다 타고나 사람의 몸 안에 있으니 하늘이 명(命)한 바이며 곧 나의 본성(本性)이라.

솔성(率性)하여 수도(修道)하면 명덕(明德)이 나타나 가히 치국(治國)하고 평천하(平天下)하며 가히 억조창생(億兆蒼生)의 군왕(君王)과 스승이 되고 가히 무량수(無量壽)의 신선(神仙)이 되느니라.

천명(天命)의 덕(德)으로 사람이 처음 생겨날 때에 천품(天稟)을 부여받아 머리는 천상(天上)의 삼청진궁(三淸眞宮 : 玉淸, 上淸, 太淸)의 기(氣)로 화(化)하고, 배는 천하(天下)의 산림천택(山林川澤)의 형체를 받고 가슴은 일월성신(日月星辰)과 풍운우뢰(風雲雨雷)와 음양조화(陰陽造化)의 부(府)를 품었기 때문이니라.

그러한 까닭에 내 몸에 천존(天尊)과 제군(帝君)이 계시고 구령삼정(九靈三精)과 오신진군(五神眞君)과 내외장군(內外將軍)과 좌우관속(左右官屬)이 있으며 제부공조(諸府工曹) 및 팔만사천원군(八萬四千元君)이 각기 부(部)에 소속되어 있으니 이것이 곧 영보도국(靈寶道局)이라.

마음을 닦아 밝히는 사람은 신선(神仙)도 되고 성인(聖人)도 되지만 마음을 잃고 마음을 내버리는 사람은 어리석은 사람이 되고 심지어는 축생(畜生)의 몸을 받기도 하느니라.

닦아(修) 밝히고자(明) 하면 대원(大願)을 품지 않고서는 될 수 없느니라.

또 사람 사람마다 영보도국(靈寶道局)이 있으나

어떤 사람은 얻고 어떤 사람은 얻지 못하는가.

대분(大忿)이 나면 만 가지 이치와 만법(萬法)이 내게 갖추어져 있나니 도가 오직 하나 뿐이거늘

도(道)에 들어가는 문(門)이 어찌 여럿이며

도(道)가 오직 하나 뿐이거늘

법(法)이 어찌 여러 가닥이며

도(道)가 오직 하나 뿐이거늘

어찌 여러 가지 것을 구하며

도(道)가 오직 하나 뿐이거늘

어찌 다시 의심하리요.

깊이 생각한 즉 의심이 없어지고

바라기만 하면 의심이 일어나느니

의심이 생겼다 없어졌다 하지만

의심이란 것이 의심할 바가 없는 것인데

공연히 무엇을 의심하리요.

홀연히 마음을 태워 없애면 이것이 곧 진의(眞疑)이니 진의(眞疑) 아래에서 만 가지 의심이 정적(靜寂)해져서 주야(晝夜)를 분간하지 못하여 꿈같기도 하고 참 같기도 하여 공적(空寂)한 천지(天地)에 오직 한 의심뿐이니 이것이 대의(大疑)가 아니고 무엇이리오.

의심으로 들어가는 공부(工夫)가 가장 알기 어려운 공부라. 대신심(大信心)이 아니면 진의(眞疑)가 나지 않는 고로

선요(禪要)에 이르기를

"신(信)이 십분(十分)이면 의(疑)가 십분(十分)이고, 의(疑)가 십분(十分)이면 깨달음(悟) 역시 십분(十分)이라." 하니 이를 말함이니라.

오직 신심(信心)과 정성(精誠)을 더할 뿐이며 신(信)으

로써 정정(定靜)하고 신(信)으로써 분(忿)과 의(疑)를 내
니 대신심(大信心)이 아니면 정성을 어찌 오래 드릴 수
있으리요.

하나로 정(定)하여 변치 아니하고 처음과 끝이 한결
같음을 일러 '성(誠)'이라 하느니라.

그러므로 옥추보경(玉樞寶經)에 이르되

"정성으로 도(道)에 들어가고 묵묵(默默)으로 도(道)를
지키며 부드러움(柔)으로 도(道)를 쓰면 물(物)과 아(我)
를 함께 잊어 혜광(慧光)이 생(生)하여 성지(聖智)가 저절
로 온전해지느니라." 한 것이라.

또한 음부보경(陰符寶經)은

온전히 영보(靈寶)의 시(始)와 종(終)을 밝힌 경전이니
라.

그러므로 영보(靈寶)를 수련(修煉)하고자 하면

음부경(陰符經)으로 정정(定靜)의 원경(元經)을 삼아 밖
으로는 송념(誦念)하고 안으로는 정정(定靜)하느니라.

영보(靈寶)의 시(始)와 종(終)이 다 음부삼편(陰符三篇)
에 실려 있는데 고법(古法)이 영보(靈寶)를 전하였으나
문자(文字)가 없이 구결(口訣)로만 전해오다가 음부경(陰

符經)에 실리게 되었느니라.

　이러한 연고로 영보진도(靈寶眞道)를 아는 사람이 적으니라.

　이제 문자가 있고 또 가령(假令)을 기록하노니

　어찌 도(道)에 들어가는 문(門)이 환하게 밝지 아니하리요.

　여기에 선현(先賢)의 가르침을 더하여 앞으로 공부(工夫)하는 이의 도심(道心)을 깨우치나니 공부하는 데에 일조(一助)를 함이로다.

　마음을 씻어 새롭게 하고 이 글을 읽을지니라.

　옛적에 서봉도사(西峰道士)가 제자에게 이르기를

　"천하(天下)에 주인이 없는 빈집이 있으니 이것이 곧 영보도궁(靈寶道宮)이라.

　그 안에 천하의 무궁한 묘(妙)함이 있으며 천하의 무궁한 보물이 쌓여있고 천하의 무궁한 재물이 저장되어 있으며 팔만사천문로(八萬四千門路)를 통하여 열어 놓았느니라.

　그 궁(宮)은 담으로 둘러싸여 있고 탐욕스러운 사람과 게으른 사람과 어리석은 사람과 신심(信心)이 없는 사람

으로 하여금 각각 여러 문로(門路)를 지키게 하고 명(命)하되

'탐욕스러운 사람과 게으른 사람과 어리석은 사람과 신심이 없는 사람이 오면 너희들이 막아 들이지 말고 어떠한 사람이라도 성(誠)과 신(信)이 한결같은 사람이 오면 문을 열고 들어가게 하여 빈 집의 주인이 되어 무궁한 재보(財寶)를 쓰게 하라.' 하니라.
　세상 사람들이 이 말을 듣고 가당치 않다고 생각하여 웃으면서 하는 말이
　'내가 어찌 그와 같은 보물을 감히 취(取)하리오, 이것은 복(福)이 있고 인연(因緣)이 있는 사람이나 취하는 것이라.' 하여 구할 생각을 내지 않느니라." 하니라.

　부처님은 말씀을 전하고 노자(老子)께서는 길을 가리키고 공자(孔子)께서는 보내는 데도, 가서 그 무궁한 보배를 가질 생각을 않느니라.
　간혹 보배를 구하여 가는 사람도 신심이 없고 탐욕심이 있어 신심이 없는 사람이 지키는 문과 탐욕스러운 사람이 지키는 문을 통과하지 못하니 진정 보물을 얻는 사

람은 천만 사람 중에 한두 명이라.

슬프다, 사람들이여.

넓고 편안한 집을 싫다 하고 바른길을 가지 아니하여 사람들의 재산을 도둑질하고 혹은 잘사는 사람들에게 구걸하며 혹은 재물을 강제로 빼앗고 혹은 속이고 혹은 싸우고 다투므로 오적(五賊)이 아울러 일어나고 삼도(三盜)가 쉬지 않고 일어나니 이것이 천하의 대란(大亂)이라.

법관(法官)이 형벌(刑罰)을 쓰고 친한 벗끼리 서로 비방하는 세태이니 진정 한심하고 한심한 일이니라.

마땅히 취할 것은 취하지 아니하고 취하지 아니할 것은 취하면서 하는 말이

'내가 빠른 법을 행하여 쉽게 취하고 얻는다.'

고 하면서 혹은 죽고, 혹은 실패하여 고통을 당하여도 뉘우칠 줄 모르니 이것이 어리석은 것인가, 게으른 것인가.

공자(孔子)의 이른바 '분토(糞土)로 바른 담'이며

맹자(孟子)의 '하우(下愚)를 고치지 않는 자'이니

이것이 바로 그 무리일진저.

선서(禪書)에 이르기를

"능히 많은 문(門) 중에 한 문을 열고 들어가 무진장한 보물을 얻으니 쓰고 또 써도 다하지 않고 취(取)하여도 금(禁)하는 사람이 없느니라.

이 보물은 바깥에서 들어온 보물이 아니며 집안에서 생기고 생기는 무궁한 보물이라" 하니라.

능히 당(堂)에 오르는 것은 성(誠)이오

능히 문을 여는 것은 의(疑)요

능히 보물을 주장하는 것은 신(信)이요

마땅히 취할 보물을 취하는 것은 분(忿)이니라.

만약 분(忿), 의(疑), 신(信)의 세 자가 아니면 담 바깥에서 처마 끝만 바라보며 머뭇거리며 세월만 보내면서 기력(氣力)만 소모하고 크게 한숨 쉬고는 돌아와서 거지 행세를 하느니라.

그러므로 비유하면 돌 속에 숨겨진 옥(玉)을 정(釘)이 아니면 돌을 쪼아 옥을 얻지 못하고 숫돌이 아니면 갈지 못하고 호랑이 굴에 들어가지 않으면 호랑이를 잡지 못하니라.

정(釘)은 신(信)이고 숫돌은 의(疑)며 호랑이 굴에 들어가는 것은 분(忿)이니 돌을 쪼고 호랑이를 잡으려고 하는 사람은 대분(大忿)을 발(發)하여 금강이도(金剛利刀)로 용맹스럽게 세상 인연을 한 칼에 끊어야 하느니라.

대의(大疑)를 발(發)하여 원숭이 같이 이리 갔다, 저리 갔다 하는 마음과 말과 같이 달아나는 마음을 죽이고 대신심(大信心)을 세워 능히 이 문(門)에 들어온 연후에 철주(鐵柱)의 중심(中心)이 되고 석벽(石壁)의 외면(外面)이 되느니라.

천만(千萬) 스승의 말씀이라도 이 말보다 더 묘(妙)함이 없고 어떠한 묘도(妙道)와 현리(玄理)도 이 도(道)에 더함이 없느니라.

눈에 좋아 보이는 것도 없고 귀에 좋게 들리는 것도 없으며 아무리 묘(妙)하다 하더라도 이 묘(妙)함 이외에는 없고 보물이 있다 하여도 이 보물 이외에는 없다는 이치를 알면 일심(一心)이 정정(定靜)하여 호호탕탕(浩浩蕩蕩)하니 아주 작은 티끌에도 막히지 않아 사람이 처음 태어날 때와 다를 바 없이 되느니라.

차(茶)를 마셔도 차인 줄 모르고 밥을 먹어도 밥인 줄 모르며 길을 걸어도 걷는 줄 모르고 앉아 있어도 앉은 줄 모르나니 정식(情識)이 한꺼번에 끊어지고 분별심(分別心)을 여의어 마치 죽은 사람 같고 허수아비 같으니라.

이것은 깊은 삼매(三昧)에 든 상태이고 깊은 삼매에 들었다가 기발신동(氣發神動)하면 마치 깊은 잠에 들었다가 잠이 깨는 것과 같아서 모든 일에 종(終)이 없고 차서(次序)가 없느니라.

그러다가 마음이 차차 밝아져 마음 광명이 한 번 발하여 시방(十方)을 꿰뚫고 햇빛이 찬란하여 하늘이 밝고 밝으며 명경(明鏡)을 마주한 것과 같느니라.

한 생각을 넘지 아니하여 한 번에 정각(正覺)을 이루니 선가(禪家)의 불(佛)이오, 영보(靈寶)의 성(聖)이오, 선가(仙家)의 단(丹)이라.

그러나 신(信)과 분(忿)과 의(疑)와 성(誠)이 지극하지 못하면 팔만사천의 마군(魔軍)이 육근문(六根門)을 지키어 엿보고 있다가 기회를 틈타 마음을 유혹하여 백방(百方)으로 조화를 지어 가지가지 일로 번뇌(煩惱)케 하느니라.

이럴 때에는 구천응원뇌성보화천존(九天應元雷聲普化天尊)을 외우거나 성사(聖師)의 가르침을 되새기고 스스로의 본원(本願)을 다시 다져서 무심(無心)하여야 하느니라.

다시 정력(精力)을 더하여 기한을 정하여 공부를 하는 데 깊은 우물에 빠져 밤낮으로 천 번을 생각하고 만 번을 생각하되 오직 우물에서 빠져 나오려는 한 생각이요, 결코 두 마음이 없는 것과 같이 공부하면 가히 기일(期日) 안에 성취할 수 있으리라.

그러나 지금 이 말은 강건(强健)한 사람이 취(取)할 바요, 성격이 부드럽고 기(氣)가 약(弱)한 사람은 죽을 죄를 지어 사형 언도를 받고 깊은 감옥에 갇힌 것과 같이 하여야 하느니라.

어느 때에 옥졸(獄卒)이 깊은 밤에 술에 취하여 잠이 들면 목에 씌워진 칼과 발에 채운 사슬을 끊고 옥을 빠져 나와 동서(東西)를 분간하지 못하고 도망할 때 독룡(毒龍)과 맹수를 만나도 무서워 하지 않고 칼과 창이 날아와도 두려워하지 않으며 험한 길을 달아남에도 평지같이 내달리며 가시덤불도 풀같이 보나니 이는 어떠한 연고인가.

차라리 다른 데서 죽을지언정 옥에서 죽지는 않으려는 마음이라.

이것이 곧 극절(極切)한 마음이니 공부하는 데에 이와 같이 간절한 마음이 있으면 기한을 정하고 하는 공부를 가히 성취할 수 있으리라.

　그러나 이와 같이 극절(極切)한 마음은 수련(修煉)이 성숙(成熟)하여 진정한 뜻을 얻는 이가 최후에 실행하는 방법이요, 모든 사람이 행(行)하는 법이 아니며 특히 평범한 생각을 가진 초학자(初學者)가 가질 마음의 자세는 아니니라.

　누구나를 막론하고 공부(工夫)의 길을 자세히 알아 큰 취미를 얻는 사람은 자연히 그리 되나니 그 길과 맛을 알기로 하면 번뇌(煩惱)한 마음을 편안히 하고 성인(聖人)의 가르침을 생각 생각 잊지 않아 마음이 전일(全一)하면 정정(定靜)을 가히 얻을 것이며 정력(定力)이 쌓이면 힘들이지 않고 극절(極切)한 마음을 얻을 수 있느니라.

제5장

명풍토이화지공(明風土移化之功)

사람의 심체(心體)는 본래 스스로 허명(虛明)한 지라, 오염(汚染)되지 않았으나 경계(境界)를 대함에 정식(情識)이 생겨 엉겨서 풍토(風土)의 습기(習氣)를 이루느니라.

그러므로 공부할 때에 자심(自心)상의 오염된 습기를 밝게 살펴 잘 다스린 연후에 비로소 정정(定靜)이 되느니라.

정정(定靜)한 후에 미미(微微)하게 피어나는 광명이 날로 발하고, 정혜(定慧)가 등지(等持)하여 일사불란하여 바르게 되므로 정미(精微)로이 하나가 되어 가운데(中)를 잡느니라.

가운데(中)를 잡으면 반드시 떳떳하므로 일러 '중용(中庸)'이요.

대체(大體)를 공부하니 '대학(大學)'이요.

도리(道里)를 논(論)하므로 '논어(論語)'라.

원형이정(元亨利貞)과 인의예지(仁義禮智)가 마음을 쓰는 작용에 따라 나타나 혹은 성인이 되고 혹은 현인이 되나니 풍토(風土)로부터 받은 기운이 달라 기질(氣質)이 고르지 못한 것이니라.

그러나 이 영보진결(靈寶眞訣)은 사람을 잘 변화시키나니 진결을 자주 읽고 음부(陰符)의 뜻을 마음에 새겨 좌선(坐禪)에 힘써야 하느니라.

진액(津液)을 삼키고 기(氣)를 단련(鍛鍊)하며 수화(水火)를 운전(運轉)하면 풍토(風土)도 바꿀 수 있고 기질(氣質)도 가지런해지느니라.

수행의 경지가 깊어지면 진인(眞人)을 뵙고 성인께 예배하게 되며 삼재(三才)에 참여하고 만화(萬化)하는 데서 뛰쳐나오니 성인과 내가 바를 바 없으며 하늘과도 다를 바 없게 되느니라.

수련하는 법이 이외에는 다시없고 부처와 보살, 신선과 진인께서도 다 이와 같이 수련하였느니라.

공부하는 사람이 이와 같이 하면 누구는 더디고 누구는 빠를 것도 없고 선(先)과 후(後)도 없느니라.

십년(十年)을 전일(專一)하게 공부하면 무불관통(無不

貫通)하는데, 석 달이라도 전일하게 공부하면 외정(外定)을 가히 얻을 수 있느니라.

그러나 깊은 선정(禪定)에 들면 반 시각 만에 깨치기도 하고 3일 혹은 5일, 혹은 7일 만에 깨치기도 하나니 공부의 기한이 빠르기로 하면 아주 빠르고, 멀기로 하면 아주 먼 것이 다 지극한 정성에 달린 것이지 사람에게 달린 것이 아니니라.

공부는 하지 않고 도(道) 깨치는 것을 어렵다고만 생각하면 맹귀우목(盲龜遇木)의 일과 같고, 구부러진 바늘을 던져 겨자씨 맞히는 일과 같이 어렵고도 어려운 일이라.

정성을 쏟아 공부하기로 하면 도(道) 깨치는 것이 깊은 우물에 빠진 사람이 우물에서 빠져 나오는 것과 같고, 깊은 옥에 갇힌 사람이 옥에서 벗어나는 일과 같느니라.

몸은 편안하고 마음은 한가하여 다른 수고를 드릴 필요가 없는데도 무엇 때문에 더디고 빠름을 얘기하며 된다, 안된다 하는가.

부디 다른 도(道)에 뜻을 두지 말고 나의 영보국(靈寶局)을 얻어 자수자명(自修自明)하면 가히 신선도 되고 부처도 되고 성인도 되고 진인도 되느니라.

도(道)를 공부하는 사람은 이 법을 믿고 행하여 생각 생각 닦기에 힘쓰면 기화(氣和)하고 신화(神化)하여 정정 (定靜)을 얻으리니 닦아 밝혀서 성품(性稟)을 회복해야 하느니라.

제6장

명정정차제(明定靜次第)

―동현영보정관경(洞玄靈寶定觀經)―

천존(天尊)께서 좌현진인(左玄眞人)에게 이르되

무릇 도(道)를 닦고자 하면 먼저 번잡한 일을 놓을 지니라.

밖으로 번잡한 일이 모두 끊어지고 마음에 끄달리는 바가 없는 연후에 편안히 앉아 마음이 일어남을 관(觀)하는데 일어나는 생각들을 관(觀)하여 없애면 안정(安靜)하느니라.

비록 탐착심(貪着心)이 아니고 여러 쓸데없는 생각들이라도 역시 없애야 하느니 주야로 부지런히 행하여 잠시라도 방심(放心)하지 않아야 하느니라.

오직 동심(動心)을 없애고 조심(照心)은 보존하며 주심(住心)을 없애고 공심(空心)은 보존해야 하느니라.

어느 하나에도 마음이 의지하지 않는 것이 옳으니 만

약 어느 것에 마음이 주(住)하면 마음이 조급해져 번뇌가 연이어 일어나느니라.

또 초학인(初學人)은 마음을 쉬기가 심히 어려우니 잠시 마음이 쉬더라도 금새 마음이 여러 갈래로 일어나느니라.

여러 가지 생각이 죽 끓듯이 일어나더라도 관(觀)하고 또 관(觀)하면 점점 조숙(調熟)하나니 생각이 일어남을 근심치 말고 천 가지 생각이 나는 업(業)의 근원을 없앨지니라.

그 다음에 차차 마음이 맑아지면 행주좌와(行住坐臥)에도 마음을 편안히 하고 일이 있든 없든 또는 조용한 곳에 있든 시끄러운 곳에 있든지 간에 마음을 편안히 하고 무심(無心)하기를 한결같이 해야 하느니라.

만약 정(定)하려고 도리어 마음이 급해지면 기(氣)가 발(發)하여 미쳐버리는 병을 얻을 수 있으니 삼가고 삼가해야 하느니라.

만일 마음을 붙잡아서 마음이 부동(不動)하면 한 번 희노애락(喜怒哀樂)에 놓아 맡겨보라.

이와 같이 한 즉 넉넉함과 급함이 자연히 골라 맞아지며 마음을 써도 착(着)하지 않고 마음을 놓아도 동(動)하지 않으며 시끄러운데 있어도 싫은 마음이 나지 않고 무슨 일을 하여도 번뇌가 없나니 이것이 참 정(定)이니라.

일을 하여도 번뇌가 없으므로 많은 일을 하며 시끄러운데 있어도 싫은 마음이 나지 않으므로 시끄러운데도 가느니라.

무사(無事)로 진성(眞性)을 삼고 유사(有事)로 응(應)하는 자취를 삼느니라.

(응적(應跡)과 응물(應物)은 통명(通明)의 뜻이라.)

물이나 거울 같이 마음을 쓰면 마음에 흔적 없이 물건에 따라 모습을 비출 뿐이니라.

선교(善巧)의 방편(方便)이 오직 입정(入定)에 있는 것이요,

혜광(慧光)의 발(發)함이 더디고 빠른 것은 사람에게 달린 것이 아니니 정(定) 가운데서 혜(慧)를 따로 구하지 말라.

혜(慧)를 급히 구한 즉 성정(性情)을 상(傷)하고 성정을 상한 즉 혜(慧)가 없어지느니라.

오히려 정(定) 가운데 혜(慧)를 구하지 않아야 혜(慧)가 자연히 생기나니 이것이 진혜(眞慧)라.

혜(慧)를 얻은 후에 혜(慧)가 있어도 쓰지 아니하여 안

으로는 지혜가 밝되 밖으로는 어리석은 것 같게 하여 정(定)과 혜(慧)를 온전히 하면 쌍미(雙美)가 한량 없으리라.

만약 선정(禪定) 중에 생각이 많고 무엇을 자꾸 느끼면 사귀(邪鬼)와 요정(妖精)과 이매(魑魅)들이 마음을 따라 일어나 괴이한 모습을 보이나니 정념(正念)을 굳게 세워 무심(無心)하기를 주장하면 자연히 요마(妖魔)가 없어지느니라.

그러나 천존(天尊)과 신선(神仙)과 진인(眞人)이 보이는 것은 상서로우니라.

정정(定靜)의 마음이 오직 허명(虛明)하고 담적(淡寂)하여 위로나 아래로나 한 점 걸림 없이 툭 트이면 구업(舊業)은 날로 사라지고 신업(新業)은 짓지 아니하며 어디에도 걸린 바 없이 티끌 세상을 멀리 벗어나느니라.

이와 같이 오래 수행하면 자연히 도(道)를 얻느니라.

대범 도(道)를 얻는 사람에게 칠후(七候)가 있느니라. (후(候)는 통(通)이라.)

첫째, 마음에 정견(正見)을 얻어 모든 진루(塵漏)를 앎이오.

둘째, 숙습(宿習)이 녹아 심신(心身)이 가볍고 시원함
이요.

셋째, 요손(夭損)함을 전보(塡補)하여 명(命)을 회복함
이요.

넷째, 수(壽)를 무량(無量)하게 늘이니 왈(曰) 선인(仙
人)이요.

다섯째, 연형위기(錬形爲氣)하니 왈(曰) 진인(眞人)이요

여섯째, 연기성신(錬氣成神)하니 왈(曰) 신인(神人)이
요.

일곱째, 연신합도(錬神合道)하니 왈(曰) 지인(至人)이
니라.

그러나 한 통(通)에 착(着)할 것 없이 광명(光明) 그 자
체이어야 불(佛)이라 하느니라.

제7장

명진상지도(明眞常之道)

―태상노군설 상청정묘경(太上老君說 常淸淨妙經)―

태상노군(太上老君)께서 이르되

대도(大道)는 무형(無形)이나 천지(天地)를 생육(生育)하고 대도(大道)는 무정(無情)이나 일월(日月)을 운행(運行)하고 대도(大道)는 무명(無名)이나 만물(萬物)을 장양(長養)하나니 내가 그 이름을 알지 못하여 억지로 이름을 붙이되 '도(道)'라 하느니라.

무릇 도(道)가 행하매 청(淸)하기도 하고 탁(濁)하기도 하며, 동(動)하기도 하고 정(靜)하기도 하니 천청지탁(天淸地濁)하고 천동지정(天動地靜)하며 남청여탁(男淸女濁)하고 남동여정(男動女靜)하나니 근본에서 끝으로 흘러내려 만물(萬物)을 생하느니라.

청(淸)은 탁(濁)의 근원이요, 동(動)은 정(靜)의 바탕이라.

그러므로 사람은 능히 맑고 고요하면 천지(天地)가 모두 사람에게 돌아오느니라.

무릇 사람의 신(神)은 맑음을 좋아하지만 마음이 신(神)을 어지럽히고, 사람의 마음은 고요함을 좋아하지만 욕심이 마음을 흔들리게 하나니 욕심을 없애 마음이 고요하면 마음이 맑아지고 신(神)도 저절로 맑아질 것이고 자연히 육욕(六慾)이 불생(不生)하고 삼독(三毒)이 소멸(消滅)하니라.

이와 같이 되지 못하는 것은 욕심을 아직 여의지 못하였고 마음도 맑게 하지 못한 까닭이니라.

능히 욕심을 여윈 사람은 안으로 마음을 관(觀)하되 마음에 그 마음이 없고 밖으로 형체(形體)를 관(觀)하되 형체에 그 형체가 없고 멀리 만물(萬物)을 관(觀)하되 만물에 그 만물이 없느니라.

이 세 가지 소식을 깨달으면 오직 공(空)함만을 보나니 공(空)으로써 공(空)을 보니 공(空)은 본래 공(空)한 바가 없고 공(空)할 바가 이미 없으면 없고 없는 것 또한 없는 것이니라.(無無亦無)

무무(無無)가 이미 없으면 물이 고여 있는 것같이 항상 고요하느니라.

적적(寂寂)하다 하더라도 적적(寂寂)한 바가 없으니 욕심이 어찌 생길 수 있으리오

욕심이 생기지 않으면 이것이 곧 진실한 고요함이니라.(眞靜)

진정(眞靜)이 외물(外物)에 응(應)하여 진상(眞常 : 不變)이 성품을 얻어야 하는 것이니 항상 물(物)에 응하여도 항상 고요해야만 청정(淸靜)할 수 있느니라.

이와 같이 청정(淸靜)하면 점차로 진도(眞道)에 드는 것이라.

이미 진도(眞道)에 들었다면 이름하여 득도(得道)라 하나 비록 이름이 득도(得道)지만 실제로는 아무것도 얻은 바가 없는 것이니라.

중생(衆生)들을 교화(敎化)하기 위하여 방편으로 득도(得道)라 하는 것이니

이와 같이 깨달은 사람만이 가히 성인(聖人)의 도(道)를 전할 수 있느니라.

노군(老君)께서 이르되

"상등(上等)의 사람은 자타(自他)가 없으므로 다투지 않고, 하등(下等)의 사람은 자타(自他)에 집착하므로 늘

다투며, 상덕(上德)은 상(相)이 없으므로 덕(德)이 없는 것 같고, 하덕(下德)은 상(相)에 집착하여 덕(德)을 고집하나니 집착하는 것을 도덕(道德)이라고 하지 않느니라."

중생(衆生)들이 진도(眞道)를 얻지 못한 까닭에 망령된 마음이 있게 되는데 망령된 마음이 있으면 곧 그 신(神)을 놀라게 하고, 신(神)을 놀라게 하면 곧 그 마음이 만물(萬物)에 집착하게 되며, 마음이 만물에 집착되면 곧 탐내고 구하는 욕심이 생기게 되고, 욕심이 생기면 이것이 곧 번뇌(煩惱)인 것이며, 번뇌(煩惱)와 망상(妄想)이 몸과 마음을 괴롭히느니라.

그러다가 탁(濁)한 욕심나는 경계를 만나면 욕심과 뒤섞여져 생사(生死)에 유랑(流浪)하며 고해(苦海)에 빠져 영원히 진도(眞道)를 잃고 마느니라.

진상지도(眞常之道)는 깨닫는 사람만이 스스로 얻나니 깨달은 사람이라야 상청정(常淸靜)하느니라.

－태상적문동고경(太上赤文洞古經)－

대범 움직임이 있어서 동(動)하는 것은 부동(不動)에
서 나오며 함이 있어서 하는 것은 무위(無爲)에서 나오
는 것이니 무위(無爲)한 즉 신(神 : 本性)이 돌아오고 신귀
(神歸) 즉 만물(萬物)이 적(寂)하다고 하느니라.

부동(不動)한 즉 기(氣)가 멸(滅)하고 기(氣)가 멸(滅)한
즉 만물이 불생(不生)하나니 신신(神神)이 상수(相守)하
고 물물(物物)이 상자(相資)하여 그 근본을 이루느니라.

묵묵(默默)하여 깨달으면 내 스스로 알게 되고 묵묵한
것이 틈이 없으면 불사불생(不死不生)하여 천지(天地)와
하나가 되느니라.

눈에 보이는 것을 잊으면 광명(光明)이 한량없이 넘치
며 귀에 들리는 것이 다하면 심식(心識)이 항상 깊고 깊
나니 눈과 귀를 잊으면 중묘지문(衆妙之門)을 뛰어나느
니라.

순순전전(純純全全)하고 명명행행(溟溟涬涬)하여 천하
만물(天下萬物)과 합(合)하나니 크나큰 천지(天地)도 나
에게 매어있고 많고 많은 만물(萬物)도 내가 지니는 바
이니 어찌 궁색함을 말하고 곤(困)함을 말하리오.

무상(無相)함을 기르므로(養) 그 상(相)이 상존(常存)하는 것이요, 무체(無體)함을 지키므로(守) 그 체(體)가 전진(全眞) 하나니라.

전진(全眞)이 서로 아우르면 가히 장구(長久)하나니 하늘이 그 진(眞)을 얻으면 장(長)하고 땅이 그 진(眞)을 얻으면 구(久)하며 사람이 그 진(眞)을 얻으면 수(壽)하느니라.

세상 사람들이 장구(長久)하지 못한 것은 무상(無相)함을 잃어버리고 무체(無體)함을 흩어버려 백해(百骸)와 구규(九竅)를 진체(眞體)와 병존(並存)하지 못하므로 죽느니라.

— 영보천존설대통경(靈寶天尊説大通經) —

하늘보다 먼저 생겼으며 생겨났어도 형상이 없고 하늘보다 뒤에 남아 있으며 남아 있어도 형체가 없느니라.

그러나 형체가 없다 함은 존재한다고 할 수 없으므로 불가사의(不可思議)라 하느니라.

고요함(靜)이 성품(性)이 되니 마음이 그 가운데에 있고 움직임(動)이 마음이 되니 성품(性)이 그 가운데에 있느니라.

마음이 생기면 성품이 없어지고 마음이 없어지면 성품이 드러나느니라.

성품이 드러나면 빈 것 같이 상(相)이 없고 맑고도 원만하니라.

대도(大道)는 무상(無相)하므로 안으로 유(有)를 품었으며 진성(眞性)은 무위(無爲)하므로 밖으로 그 마음을 불생(不生)하나니 여여자연(如如自然)하여 광대무변(廣大無邊)이로다.

경계(境界)를 대하여도 경계를 잊으니 육적지마(六賊之魔)에 빠지지 않고 거진출진(居塵出塵)하여 온갖 세상 인연의 지음 속으로 떨어지지 않느니라.

고요함을 이루어 움직이지 않고(大定)

화(和)를 이루어 옮기지 않으면(大慧)

혜광(慧光)이 시방(十方)을 비추어(大明)

허(虛)한 조화(造化)가 한량없으리라.(大通)

제8장

총명강요(總明綱要)

무릇 수양(修養)하여 입정(入定)하는 공부는 그 법이 하나가 아니니

외수양법(外修養法), 내수양법(內修養法), 외정정법(外定靜法), 내정정법(內定靜法)이 있느니라.

공부하는 사람은 능히 여러 법을 밝게 살피어 여러 방편(方便)들을 합하여 잘 써야 결함 없이 대성(大成)할 수 있느니라.

또한 선정(禪定)에도

외도정(外道定), 자성정(自性定)

소승정(小乘定), 대승정(大乘定)

이 있는데 이도 역시 밝게 분별하여 잘 살펴야 그릇되지 않고 바른 정(定)을 얻을 수 있느니라.

만약 그 강요(綱要)를 옳게 이해하지 못하면 어느 한 가지에 잘못 집착하여 편벽된 수행에 빠지는 병이 생길까 저어하여 다시 전편(全篇)의 뜻을 간명하게 밝히노라.

외수양(外修養)은 외경(外境)을 다스리는 공부니라. 외경을 다스리는 것은

첫째, 피경공부(避境工夫)이니 처음 공부할 때는 바깥의 유혹되는 경계를 멀리 피함이요.

둘째, 사사공부(捨事工夫)이니 불필요하고 번잡한 일은 버리며 그러한 일을 만들지 않음이요.

셋째, 의법공부(依法工夫)이니 상승의 해탈법(解脫法)을 믿고 받아 지녀 진리(眞理)에 안심하기를 구함이요

넷째, 다문공부(多聞工夫)이니 성인(聖人)의 행적에 관한 얘기를 많이 들어서 항상 대국(大局)에 마음을 두어야 하느니라.

이 네 가지 공부를 하면 자연히 외경(外境)이 고요해지고 마음이 편안해지느니라.

옛말에 나무가 고요하고자 하나 바람이 멈추지 않는 다고 바람이 멈추면 나무가 고요해지나니 경계를 다스 리면 마음이 안정하느니라.

내수양(內修養)은 안으로 닦아 쉬는데 있는 것이니라. 자심(自心)을 내수(內修)하는 것은

첫째, 집심공부(執心工夫)이니 염불과 좌선할 때 및 일 체시중(一切時中)에 항상 집심부동(執心不動)하여 심(心) 과 신(神)이 외경(外境)에 흘러가지 않게 하는 것을 소 길 들이는 사람이 고삐를 붙잡아 놓지 않듯 하는 것이요.

둘째, 관심공부(觀心工夫)이니 집심공부가 잘되면 마 음을 방임(放任)하여 자적(自適)하면서 다만 마음 가는 것을 보아 망념(妄念)만 제재하는 것을 소 길들이는 사 람이 고삐는 놓고 다만 소가 그릇된 길로 가면 제재하듯 하는 것이요.

셋째, 무심공부(無心工夫)이니 관심 공부가 잘 되면 본 다는 상(相)도 놓아서 관(觀)하되 관하는 것이 없기를 소 길들이는 사람과 소가 둘이 아닌 지경에 들어가 동정(動

靜)이 함께 일진(一眞)이 되는 것이니라.

마음을 지나치게 급히 묶으려 하지 말고 간단 없는 공
부로써 서서히 공부하며 집심(執心)과 관심(觀心)과 무심
(無心)을 번갈아 하되 처음 공부는 집심을 주로 하고, 조
금 익숙하면 관심을 주로 하고, 좀 더 익숙하면 무심을
주로 하며 궁극에 가서는 능심(能心)에 이르러야 하느니
라.

경(經)에 이르기를

"한마음이 청정하면 일체가 청정하고 마음은 허공과
만상(萬相)을 두루 감싸고 있는 것이라."고 했나니 한마
음이 청정하면 백천외경(百千外境)이 모두 청정하여 경계
와 내가 사이가 없이 다 같이 정토(淨土)를 이루느니라.

외정정(外定靜)은 입지(立志)를 부동(不動)하게 하는 공
부이니라. 입지가 부동한다는 것은

첫째, 대원심(大願心)을 발(發)함이니 원심(願心)이 지
극하여 천만 가지 세상 인연이 앞에 가로 놓여도 보되
보이지 않고 조금도 마음에 걸린 바가 없어야 하느니

라. 석가세존께서 대도(大道)에 발심하시어 왕궁의 낙(樂)과 설산(雪山)의 고(苦)가 조금도 마음에 없었느니라.

둘째, 대신심(大信心)을 발함이니 신심(信心)이 지극하여 천만 가지 세상 법이 비록 분분하여도 사량(思量)하고 취사(取捨)하는 마음이 없어야 하느니라. 혜가선사가 달마조사께 한 번 믿어 뜻을 결정하여 몸을 잊고 법을 구했느니라.

셋째, 대분심(大忿心)을 발(發)함이니 분심(忿心)이 지극하여 천만 가지 장애가 일어나더라도 두려움과 물러나는 마음이 없어야 하느니라. 야소교의 십이사도가 위험을 무릅쓰고 도(道)를 지키어 죽음도 불사하였느니라.

공부를 하는데 이 세 가지 마음을 굳게 세우면 자연히 뜻이 태산 같이 서서 흔들림이 없으리라.
석가세존과 혜가선사와 십이사도를 얘기하였지만 한 예를 든 것이고 모든 성인(聖人)들께서도 이와 같은 마음으로 수도(修道)하였느니라.

내정정(內定靜)은 안으로 마음이 요란하지 않게 하는

공부이니라. 마음이 요란하지 않다는 것은

　첫째, 염불과 좌선을 할 때 및 일체 일 없는 때에 어지러운 생각이 종일 일어나지 않아 일념(一念)도 없이 적적(寂寂)하여 맛도 모르고 형체도 잊는 것이요.

　둘째, 행주좌와(行住坐臥)와 일체 일 있는 때에 그 뜻이 올발라서 비록 찰나간이라도 망념(妄念)이 동(動)하지 않게 하는 것이요.

　셋째, 사상(四相)이 공(空)하고 육진(六塵)이 한꺼번에 깨끗해져 경계를 대하되 경계를 잊고 착(着)되지도 않고 물들지도 않는 것이라.

　이 세 가지 힘을 얻으면 자연히 심해(心海)가 평정(平淨)하고 번뇌가 영원히 끊어지리라.

　외도정(外道定)은 자성(自性)이 본래 청정하다는 것과 정혜(定慧)의 인연(因緣)을 모르므로 삿된 생각으로 원(願)을 일으키며, 기괴한 법을 믿어 바깥으로 꾸며 도(道)를 구하며, 그 안을 닦지 않고 외신(外神)을 마음에 두고 주문을 외우며 명상 등을 하는 것이라.

그 고집을 버리지 않고 이런 행동을 오래 하면 마구니가 되기 쉬우니라.

선정(禪定) 중에 이적(異蹟)이 조금이라도 나타나면 마음이 황홀해지고, 거짓된 지혜가 조금 나타나면 욕심이 더욱 치성해져 그 욕심에 빠져 어지럽고도 어지럽게 되느니라.

이렇게 되면 정(定) 역시 난잡하게 될 뿐 아니라 삿된 행동을 하게 되고 죄짓는 일을 수없이 하게 되느니라.

자성정(自性定)은 이미 자성(自性)이 본래 청정하다는 것과 정혜(定慧)의 인연(因緣)을 알아 이에 의지하여 닦으므로 공(空)과 색(色)이 다르지 않고 동(動)과 정(靜)이 한 가지라, 원(怨)과 친(親)이 평등하니라.

선악의 성품이 공(空)하여 생로병사의 일체 인과(因果)도 조금도 장애가 되지 않아 여여자연(如如自然)하여 망녕됨을 영원히 없애버리고 성체(性體)가 상현(常現)하느니라.

비유하면, 잡초를 제거할 때 뿌리까지 뽑으면 다시는 싹을 틔우지 못하는 것과 같느니라.

소승정(小乘定)은 뜻이 독선(獨善)에 있어 중생을 제도하려는 생각이 없이 작은 도(道)를 구하므로 무사(無事)함만을 취하느니라.

세상을 피하여 산에 들어가 종신토록 무슨 소리도 안듣고 스스로 깨끗하다고 자부하며, 혹은 경계를 피하여 홀로 있으면서 종신토록 무사(無事)함만을 주장하며 스스로 옳다고 하느니라.

생각 생각 닦는다고 하는 것이 세속에 물들지 않음만을 고집하여 그 정(定)을 이루는 것이니라.

그러나 세상에 나와 순역(順逆)의 경계에 둘러싸이면 놀라고 두려워 정기(正氣)를 잃고 마느니라.

비유하면, 웅덩이에 고인 물과 같아 비록 깨끗하다고 하지만 더러워지기 쉬운 것과 같느니라.

대승정(大乘定)은 대도(大道)를 높이 받들어 중생제도하기를 서원(誓願)하고, 시끄러운 데서 정(定)을 익히고, 괴로움에서 편안함을 찾으며, 유사(有事)한 데서 무사(無事)함을 취하며, 욕심(慾心)이 있는데서 무욕(無慾)하느니라.

인욕(忍辱)과 정진(精進)으로 화(和)를 이루되 섞이지 않아 희노애락애오욕(喜怒哀樂愛惡慾)의 칠정(七情)에 자재(自在)하고 동(動)하되 정(靜)을 여의지 않으며 정(靜)하되 동(動)을 여의지 않아 동(動)하거나 정(靜)하거나 항상 편안하느니라.

비유하면, 대해(大海)가 양양호호(洋洋浩浩)하여 청(淸)하고자 하여 청(淸)함을 보탤 것이 없고 탁(濁)하고자 하여도 탁(濁)함을 보탤 수 없는 것과 같느니라.

수도(修道)하는 사람은 스스로의 근기(根機)에 따라 여러 가지 법을 잘 이해하여 어둡지 않고 밝게 살펴 수행하는 도중에 미혹된 장애에 걸리지 않아야 하느니라.

전편(全篇)에 걸친 많은 글들에 여러 방편(方便)을 설하였지만 그 근본은 수양(修養)과 수양의 덕(德)을 말하였을 뿐이니라.

지혜와 총명이 수양으로 생기고 솔성실행(率性實行)이 수양으로 이루어지며 신통묘술(神通妙術)이 수양으로 생기고 생사해탈(生死解脫)이 수양으로 이루어지며 육도자유(六途自由)가 수양으로 근원이 되느니라.

그러므로 우리 수도하는 사람들은 부디 힘을 쓰고 힘을 쓸 것을 당부하노라.

후기(後記)

옥추보경(玉樞寶經)은 흔히 옥추경(玉樞經)이라고 부르지만 경
(經)의 원래 명칭은 구천응원뇌성보화천존 설 옥추보경(九天應元
雷聲普化天尊 說 玉樞寶經)입니다.

옥추경(玉樞經)의 뜻은 다음과 같이 풀이합니다.

부옥자 천지일월지정화 만고지대보야
(夫玉者 天地日月之精華 萬古之大寶也)

추자 음양조화지기축 생살지시유야
(樞者 陰陽造化之機軸 生殺之始由也)

경자 인도수진지요경 봉행지귀감야
(經者 人道修眞之要徑 奉行之龜鑑也)

소이명명자 이기지보지령지묘야
(所以命名者 以其至寶至靈至妙也)

'옥(玉)'이란 천지일월(天地日月)의 정화(精華)로 만고(萬古)의
대보(大寶)이며 '추(樞)'란 음양조화(陰陽造化)의 중심(中心)으로
생살(生殺)의 처음 비롯된 바라.

'경(經)'은 인도수진(人道修眞)의 요경(要徑)으로 봉행(奉行)의

귀감(龜鑑)이라.

이렇게 이름한 것은 옥추경이 지보(至寶)하며 지령(至靈)하며 지묘(至妙)하기 때문이라.

옥추경 경명(經名)의 뜻은 이와 같고 추정 최병두(秋汀 崔秉斗) 선생이 불교요집(佛敎要集)에서 옥추보경을 설하신 천존님에 대해 아래와 같이 밝혔습니다.

보화(普化)는 천존께서 법도에 준하여 한 번 영(令)을 내리매 시방(十方)의 제천(諸天)이 불란(不亂)하고 부잡(不雜)함을 뜻하고 천존(天尊)은 구천(九天)을 총괄하며 영(令)을 내리는 존령(尊靈)이니 보화천존(普化天尊)은 제천(諸天)의 왕(王)이요, 조화(造化)의 조(祖)다.

옥추보경은 도교(道敎) 정통도장(正統道藏) 동진부(洞眞部)에 실려 있는 경전으로 삼품경(三品經), 즉 옥추(玉樞), 북두(北斗), 삼관(三官) 중의 하나이고 신심(信心)을 강조하는 대표적인 경전이며 도덕경(道德經), 음부경(陰符經), 청정경(淸靜經), 호명경(護命經), 일용경(日用經), 대통경(大通經), 동고경(洞古經), 정관경(定觀經), 오주경(五廚經), 명경경(明鏡經), 금곡경(金穀經), 문종경(文終經) 등과 함께 도교의 태상십삼경(太上十三經)에 속합니다.

묘향산(妙香山) 보현사(普賢寺)에서 간행한 옥추보경 후서(後叙)

에 나와 있듯이 우리나라 사신이 중국에서 가져온 것으로 그 정확한 시기는 알 수 없지만 대략 고려시대에 유입 되었으리라고 생각합니다.

옥추보경은 군생(群生)의 부(父)이시고 만령(萬靈)의 사(師)이신 천존(天尊)의 서원(誓願)에 따라 중생들의 고통과 질병, 재앙을 없애주는 위력을 지닌 경(經)으로 고려 때부터 조선시대에 이르기까지 주로 민간에서 보편적으로 신앙하였으며 영통(靈通)과 도통(道通)을 이루려는 수행자들이 독경하였다고 생각되어집니다.

조선시대에는 도교의 의식(儀式)으로 옥황상제(玉皇上帝), 태상노군(太上老君), 보화천존(普化天尊)을 모시고 북두칠성(北斗七星), 이십팔수(二十八宿) 등에 예배 드리고 제사를 올리는 소격서(昭格署)라는 예조(禮曹)에 속한 관청이 있었습니다.

지금 서울시 종로구 삼청동(三淸洞)에 소격서가 있었으며 삼청동이라 이름한 것도 도교에서 옥청(玉淸), 상청(上淸), 태청(太淸)의 삼청존신(三淸尊神)을 모시기 때문입니다.

소격서에는 여러 명의 도사(道士)가 있어 나라의 기도와 제사를 주관하였는데 옥추보경(玉樞寶經), 태일경(太一經), 진무경(眞武經), 연생경(延生經), 용왕경(龍王經) 등을 독경하였습니다.

추정 선생에 관해서는 일제시대 때의 분으로 거의 알려진 바가 없고, 우연히 조선불교월보(朝鮮佛教月報)에 '환본심현묘성론(還本心現妙性論)'이란 제목으로 실린 논설문(論說文)을 얻어 보았는데 글의 내용이 상당히 깊고 호대(豪大)하여 불교의 조예가 탁월하였고, 옥추보경 주석의 내용을 보면 선가(禪家)의 안목으로 풀이하여 문자(文字)로만 깊은 것이 아니고 도(道)를 통한 도인(道人)이 아닌가 생각합니다.

이 번역은 추정 선생의 활자본 〈상밀주해옥추보경(詳密註解玉樞寶經)〉을 대본으로 하였고 보현사본, 계룡사본, 활자본에 누락되었던 재옥청천중장제2(在玉淸天中章第二)의 주석부분의 빠진 것을 보충했습니다.

그리고 인경(人經) 부분은 몇 가지를 뽑아 실었습니다.

워드 작성을 해주신 작가 이찬인 선생에게 감사드리고 교정에 힘쓴 가람이, 선재에게 고마움을 표합니다.

이 경(經)을 만나 수지독송(受持讀誦)하는 분은 숙세(宿世)의 인연이 깊음을 깨달아 신통(神通)의 술(術)을 바라는 괴이한 마음은 버리고 참되고(眞), 바르며(正), 깨끗한(淸) 마음으로 옳게 수행하여 탐(貪), 진(嗔), 치(痴)의 삼독심(三毒心)을 남김없이 녹이고 대도(大道)를 깨달으시기를 삼가 기원합니다.

丁亥年(2007년) 비 내리는 가을밤에
계룡산 천왕봉 아래에서
許侍聖 合掌

편역자 **허시성**(許侍聖)

- 1958년 서울 출생. 경희대 중퇴.
  홍천 수타사, 남양주 봉인사 등에서 행자 생활.
- 일산에서 寶林禪院 운영, 현재 계룡산에서 圓通道家會 운영.

• 저서 : 『붉은 화로에 눈 한 송이』
• 역서 : 『千江月』, 『당화주역(唐畵周易)』

옥추보경독송회에서는 선(禪)을 공부하고 있으며 易學(명리학, 육효)을 지도하고 있습니다.
명리학은 4개월, 육효는 2개월 과정입니다.

주소 : 대전 유성 계룡산 근처
전화 : 010-9278-2326
E-mail : okchoo1@naver.com
블로그 : blog.naver.com/okchoo1

도교 경전의 정수

玉樞寶經
옥 추 보 경

초 판 1쇄 발행 불기 2553(2009)년 1월 15일
수정판 5쇄 발행 불기 2568(2024)년 10월 8일

엮은이 | 허시성
발행자 | 김동구
발행처 | 명문당(1923. 10. 1 창립)
주 소 | 서울시 종로구 윤보선길 61(안국동)
        국민은행 006-01-0483-171
전 화 | 02)733-3039, 734-4798, 733-4748(영)
팩 스 | 02)734-9209
Homepage | www.myungmundang.net
E-mail | mmdbook1@hanmail.net
등 록 | 1977. 11. 19. 제1~148호

ISBN 979-11-88020-08-9 (93240)
27,000원